改訂新版

伽耶は日本のルーツ

澤田洋太郎【著】

新泉社

はしがき

一九九三年八月、宮沢喜一内閣は「従軍慰安婦の強制連行」を認め、アジア諸民族に謝罪した。それを受けて「第二次世界大戦は日本の侵略戦争であった」と日本の戦争責任を素直に表明した細川護熙を首班とする七党連立政権が、「戦争への反省をふまえ、アジアのために協力すること」を基本合意に掲げて発足した。このことは、世紀末を迎えて目まぐるしく変転している世界情勢の中で、今後の日本民族のあり方を示す画期的な出来事であった。

「ベルリンの壁」の崩壊で象徴される東欧諸国の民主化・自由化をキッカケとし、世界各地では民衆のエネルギーが燃え上がり、自らの運命を己れの手で切り開こうという動きが顕著となり、多くの民族紛争や対立さえ起こっている。アジアにおいては、民族分裂の悲劇を味わってきたカンボジアや朝鮮および中国で、祖国を平和的に一体化する方向が真剣に探られようとしている。こうした隣国の悲願の達成には、われわれ日本人は過去のいきさつを考えるならば、それを座視することは許されないであろう。むしろ、そのために積極的に力になる責任があると思う。

その場合、われら日本人がなすべきことは、過去への懺悔や反省も大切であるが、それだけにとどまらず、積極的に諸民族の和解と協力に貢献することが期待されている。そのためには、当事者間の話し合いを斡旋するとか、統一のためのノウハウや費用を負担ないし提供するといった目に見える援助も必要であろう。しかし、それにもまして最も重要なことは、東アジアの諸民族相互の理解を推進し、精神的な協力体制を実現していくことでなくてはならないと思う。とりわけ、東アジアの諸民族形成の歴史的背景を明らかにし、その中にあって、日本がどのように位置づけられてきたかを歴史的に確認することが、今後の民族としての行動の選択のための基本的な前提になるべきではなかろうか。

ところで、近年の古代史ブームの風潮の中で「日本人のルーツ」という重要な問題について、在野の論陣では百家争鳴とも言うべき盛況であり、興味本位の模索は行なわれているものの、専門学者は当然のことながら極端に「禁欲的」であり、このままでは「謎の解明」はもとより、探求の前進さえ覚つかないのではないかとさえ思えてくるのは私の悲観的観測であろうか？

先年来、高松塚や藤の木古墳の発掘によって、それが朝鮮半島伝来の文化によるものであることが証明されても、「日本列島で自生した固有の文化」といった幻想に固執する向きが依然として無視できない力を秘めている。また、朝鮮半島南部で前方後円墳らしきものが発見されたり、日本にしか無いとされた巴型銅器や管玉が出土しても、「それをもってただちに倭人のルーツが朝鮮半島に由来するとは言えない」として極力批判的態度をとりたがる人が少なくない。

そういう慎重な態度は学問の純粋性のためには大切なことではあるが、反面、思い切った仮説を導入し、一挙に「歴史の全体像」の解明に迫るシナリオを描いてみせる勇断もまた求められるのではなかろうか？　筆者は、一九八九年に『天皇家と卑弥呼の系図』を著し、『魏志』が伝える邪馬台国女王卑弥呼の名前のある系図として「尾張・海部氏系図」を提示し、主として文献の解釈を通じて日本古代史の謎の究明をはかった。そして、七世紀以後の大和王朝とは三世紀に北九州にあった邪馬台国家連合が東遷して成立したものであることを推論によって実証してみせた。

次いで、九一年には、『日本誕生と天照大神の謎』(九四年『ヤマト国家成立の秘密』と改題)を書き、古代日本の信仰の形態や金属精錬技術などに着目して、その根源を探ることによって、縄文人の社会や意識が弥生人のそれと相違することから、中国と朝鮮半島からの渡来者がもつ役割を論じ、前著の歴史解釈をより深めることを試み、「倭人のルーツ」に関する一つの仮説を提出した。

言うまでもなく、この種の問題にかぎらず、どの学問分野でも即断は禁物であり、結論を下す前に慎重な検討が必要なことは当然である。とりわけ、一つの民族のルーツに関する場合、そこには特定の結論を導きだしたいという動機が先行し、ある種の差別的偏見や政治的野心とつながりかねない願望がからんでくることは避けがたい運命にあるとさえ言いたくなってくる。

端的に言うと、こうした偏見や願望から完全に自由な人はむしろ少数だと思われる。例えば、「九州勢力が東遷して大和に入った」と説くと、「今どき神武東征などという亡霊をもちだす論者は皇国史観にすがる非科学的なものである」というような言い方で、この種の移動説を問答無用で切り捨てて顧みない論者がいる。かと思うと、日本国内に、いくら朝鮮に由来する地名があっても、物質文化面で半島起源のものが多くとも、「それは帰化人がもたらしたものに過ぎない」というような解説をし日本固有文化なるものに固執しようとしている人もいる。

こうした傾向は、江上波夫氏が唱える「騎馬民族征服王朝説」と呼ばれる優れた所説に対しても、多くの論者は大局的な理解からはずれた心情的な動機で賛成・反対を唱えているように、相互に独善的態度を維持して議論が分裂・対立しているというのが現状のようである。そのことを最もよく象徴しているのは「任那日本府」の実在性を論ずる場合と言えよう。ある人は、『日本書紀』の記述どおりに朝鮮半島に日本の勢力圏があり、その行政機関こそ「日本府」だとし、また、ある人は「それは『日本書紀』の編集者の頭の中にだけ実在したもので、実際には、大和朝廷こそが百済の分国であったのだ」というふうに論じて共通の議論の場が成立しないでいる。

しかし、事実は一つしかない。任那というのは、中国の書物にも広開土王碑にも記されているレッキとした地名であり、けっして『日本書紀』が捏造した地名ではない。それは加羅とか伽耶とも呼ばれた洛東江の西岸の地域のことである。その地が五三二年に新羅に統合されるまで、六ないし七つの小国家が分立して百済と新羅から相対的に独立していたことは『三国史記』などによって知ることができる。『魏志』では「弁韓」と記されている土地のことである。

そして、近年の考古学の成果によると、この地域と日本の遺跡からの出土物は、きわめてよく似ており、同一系統に属するとしてよいとされている。ということは、ヤマト朝廷を形成していた人と同じころ任那あるいは伽耶に国家を作っていた人たちとは、共通の文化をもっていたことを意味している。このことは誰も否定できない事実である。

任那について問題が分かれるのは、伽耶がヤマト勢力の発祥の地であり、天皇家や多くの豪族たちは朝鮮半島から渡来してきたと考えるべきか、それとも、日本列島で発生した政治権力が朝鮮半島まで支配下に置いたと考えるべきか、ということである。その中間の手の込んだ説明の仕方はあるにせよ、ごく乱暴な言い方をすれば、それは朝鮮と日本列島のどちらが本家で、どちらが分家かという問題に答えることが求められていることになりそうに思えてくる。

ただ、この場合、このことを日本と朝鮮・韓国の民族的な優劣比較や先進性の問題と結びつけ、とかく感情的になりがちな人が今日でも多いと思われるのが心配である。しかし、それは考えるまでもなくまったくナンセンスである。なぜなら、過去に栄えていた国で現在は貧しい状況に甘んじている国もあるし、今をときめく大国アメリカは、二〇〇年前にはイギリスやフランスの植民地に過ぎなかったからである。

それよりも、『魏志』によると、今から一七〇〇年も前には、朝鮮半島には安耶国とか狗耶国とかいう小国が多数あり、日本列島には末盧国とか伊都国とか邪馬台国とかいった小国はあったものの、朝鮮とか日本などという国はどこにもなかったことに思いを致すべきであろう。そのことだけは何をおいても確認しておきたい。

つまり、朝鮮半島とヤマトとについては、なにも本家分家といったような問題に意味はなく、遠い過去の事実の一片を知ることしか許されていないのである。仮に、当時においてどちらが先進的であったとしても、その子孫である両国民にとって、そのことは誇るべきことでも、はたまた恥じるべきことでもないはずである。そのことをまず明らかにしておくべきであろう。

本書では、右のような立場から、主たる内容面としては、アジア全域を視野におき、とりわけ伽耶国の実体に可能なかぎり迫りながら、現代の日本人のルーツについて追い求めていくことを中心課題としたいと思う。しかし、言うまでもないことであるが、日本列島の古代文化は縄文時代に根づいた前稲作文化が基底になっており、そこには南方からの海洋民族の文化があり、アジア大陸からは「照葉樹林文化」が浸透している事実を忘れるわけにはいかないと思う。

古代文化の研究には、文献的資料はかぎられており、考古学や言語学あるいは文化人類学などのデータも、その処理の仕方には確立された方式があるとは言いがたい事情もある。そこで、本書では、一方ではごく基礎的な常識を初心者向けのガイドブック的に紹介し、巻末に年表を掲げるなどしながら知識の整理をはかり、他方では、独断的という誹りを恐れずに大胆な仮説を立てることによって、読者に一つの視野を展開してお見せしたいと思う。

ここで私が述べようとするところは、あくまで日本民族形成の道筋についての「一つの可能性のあるシナリオである」にとどまることは当然である。したがって、その限界の中でどこまで真相に近づけるか、思い切った推論を進めるべく努めてみたいと念じている。

一九九三年秋

著　者

伽耶は日本のルーツ●目次

装幀　勝木　雄二

第一章　日韓文化の相似点と相違点——果たして兄弟国か？

朝鮮民族の人種的系統——人種・民族・国民の概念

朝鮮半島の最南端の釜山の市街地を歩く人たちの顔を見ただけでは、それが韓国人か日本人かは見分けがつかない。どれもこれも日本でよく見かける顔である。しかし、日本に比較的多い丸ポチャの南方系——タイやベトナム人を思わせる顔は少ない。ところが朝鮮民主主義人民共和国（以下、北朝鮮という）に行くと、面長で顴骨（頬骨）が張り、目尻が吊り上がった感じのするツングース系の顔が目立つ。ツングースというのは、かつて中国東北地方から沿海州一帯に住み、歴史的には粛慎《シュクシン》・挹婁《ユウロウ》・靺鞨《マッカツ》・女真などの国家を形成した民族のことである。高句麗《コグリョ》もこの系統に属する。

ところが、大韓民国（以下、韓国という）に住む人たちの人種的特徴は複雑で、ツングース系と漢人系が混じり合い、それに日本の弥生文化の担い手だった倭人と共通する海人系の血が相当程度に入っているものと考えられる。

一つの民族の内部に複数の人種系統に属する人がいることは当然なことであるが、その点、日本人は外国人には理解できないくらい鈍感らしい。ヨーロッパに行った日本人が「あなたはベトナム人か」とか「モンゴル人でしょう」と言われると、奇異に感じるのが普通である。事実、日本人の顔は千差万別で、アジアのほとんどすべての人種の顔が存在している。それなのに、その当人は自分の顔がどの人種の特徴をもっているかにはまったく無関心であり、「日本人は単一民族である」と無邪気に信じ込んでいる人がほとんどのようである。ところが、本当は現代の日本人は混血民族であって、人種的には複雑な構成をもっていることは言うまでもない。

それなのに、国籍が日本に属さない人たちについてだけは、「あの人は何人種だ」というふうに好奇心を働かせ、必要以上に神経を尖らかせるというのだから奇妙としか言いようがない。

とりわけ隣国の朝鮮半島に住む人たちについては、自分たちが混血民族であり、朝鮮からの渡来人の血を大量に受け入れていることを忘れて、「われわれとは違った人種なのだ」ということに極端にこだわるのだから何としても不思議なことである。

本書で「日本人」とか「朝鮮・韓国人」について語る際に、真っ先に、確認しておかなくてはいけないことは、「人種」という言葉と「民族」という概念がどう違うかということである。人種というのは、生物学的に同一の種に属する「ホモサピエンスすなわち人科」の中での、形態・形質上の遺伝的な特徴に基づく小分類のことをいう。そして、人類は白人も黒人もすべて生物学的には同じ「種」に属し、形質的にも機能的にもまったく優劣の差はないことを確認しなくてはならない。

ところが、「民族」というのは、「八章」でも述べるように歴史的・社会的に形成された「共通の文化意識をもつ社会集団」のことであり、人種とはまったく次元が異なるものである。したがって、一つの民族の中に多数の人種系統が含まれていても、一向に不思議ではないことになる。さらに言うならば、一つの国家の内部に複数の民族が存在することは自然なことであり、単一民族国家というものがあるとすれば、それはむしろ例外ということになる。例えば、アメリカ合衆国の場合、その中の白人種と黒人種とは、すでに一つの民族になってきているが、英語が話せないプエルトリコ人や、ヒスパニックと呼ばれるメキシコ系の移住者や、アジア系住民の一部は、国籍がどこに属するかは別として、現状ではアメリカ民族の一員に数えることはむずかしいであろう。

では、現代の朝鮮半島内部で、いわゆる三十八度線という軍事境界線で南北に分けられている二つの領域に住む人たちの場合はどうであろうか。

その両側の政治制度や社会体制は異なるけれども両者は「全体としては一つの民族である」ということになる。それは、七世紀後半に統一新羅王朝が成立し、新羅系の言語や生活様式が早くから半島の全体に普及され、一つの社会として統合が進んだと考えられるからである。以後、一三〇〇年の間に、高麗王朝や李氏朝鮮王朝と支配階層は変わっても、半島全体としては政治的だけでなく社会的にも、一つの文化的共同体として統一が維持され、その状況が継続してきている。そのような歴史的背景によって内部の人種的な差異は融合されているというわけである。

明治維新当時まで、地域差が著しく他の藩の住民との交流が阻害されてきた日本列島の住民よりも、その意味では朝鮮のほうが民族共同体としての歴史は古いということになろう。半島内部には北と南の住民の間で、なにがしかの差異があることは否定できないが、そのことを人種的な違いとして強調することは誤った認識を生みだす危険があると言えよう。

日本語と朝鮮語——それは同一系統の言語か？

一つの民族の中では同じ言語が使われる。そこで、民族の区別や由来を論ずるのに、最も重要な基準は使用される言語ということになる。では、日本語と朝鮮語とは共通の起源をもっているのであろうか？　その点についてまず目を向けてみよう。

これまで、日本語と朝鮮語とは「ウラル・アルタイ語族」に数えられながらも、その相違点はあまりにも多いとされ、「日本語は、世界で稀にみる孤立性の強い言語である」というふうにさえ言語学界では語られていた。

両者の共通性としては、①動詞が文末にくる　②動詞の語尾に接尾詞がつながり変化する　③前置詞ではなく後置詞とでもいうべき、助詞を用いる　④修飾語は形容される語の前にくる　⑤冠詞や語の性別や複数・単数の別がない　⑥語頭に重子音や「ラ行音」がこない………などが挙げられている。日本語と朝鮮語の語順は完全に同じであり、単語を入れ換えるだけで翻訳が可能である。とくに、助詞の「が」と「は」の区別は、この両国語に共通することで、他の国語を使っている人にそれを解説することはきわめて困難であるが、両者には説明抜きで理解できる。

ところが、日本語と朝鮮語の発音は著しく異なっている。母音については、日本語では「アエイオウ」の五つ（厳密には、「ス」と「ツ」は、「ウ音列」ではなく中間音）であるが、朝鮮語の場合は、日本語の「オ」に相当する音は二つあるし、「ア」と「エ」の中間音や、日本語の「ヤ行音」に相当する母音なども あり、複雑になっている。

また、朝鮮語では子音で終わる単語があるが、日本語には「ン」以外にはそれがなく、連子音は

「ストライキ」というふうに母音を補って発音している。もう一つ、朝鮮語では語頭には濁音（z・d・g・b）は来ないが、母音の後の清音（s・t・k・p）は濁音化する。そういう発音上の癖があるから、朝鮮の人が日本語を発音すると、「堅実」と「現実」が区別できず、「都会」と「都外」とが同じに聞こえてしまう。

そういうことに加えて、基礎的な単語の面で両者を比較してみると、共通する語であると断定できるものの比率が、想像されるほど多くはないといったようなことが「日本語と朝鮮語とは異系統の言語である」と主張する人の論拠とされてきた。

ところが、近年、韓国の元実業家で独自の方法で言語の研究をされた朴《パク》炳植《ビョンシク》氏は、日本と朝鮮で同じ漢字をどう発音しているかという違いに注目し、両者の発音の癖を比較したところ、古代日本語は朝鮮の慶《キョン》尚《サン》南《ナム》・北道の言葉から変化したものであることがわかったという。朴氏は、両国語の間に精密な「音韻変化の法則」が成立することを提示して、このことを証明している。

それによると、例えば、古代朝鮮語の母音の「a」は日本語の「e」「ya」に変化し、子音の場合では、「n」が「d」に、「m」が「b」に、「hy」が「k」にというふうに変化するという。詳細は、『ヤマト言葉の起源と古代朝鮮語』という著書に系統的に述べられている。

朴氏によると、『記・紀』で「故」という文字を「かれ」と読ませているのは、「keur」という韓語の発音によるものであるという。氏は、数カ国語に通じており、日本語は流暢そのものであり、各地の方言まで収集していて、生半加の日本人よりも日本の古代から現代の言葉にはるかに詳しく知識が深く、その説くところを批判できないので、ごく一部を紹介するに止めたい。

その他、金思燁《キムサユプ》氏の『古代朝鮮語と日本語』や李寧熙《イニョンヒ》女史の『日本語の真相』などには数かずの実例をひいて、多くの日本語の単語は古代朝鮮語に由来するものであるとしている。

その真偽についてはともかくも、現代の慶尚南道の言葉を実際に聞いていると、会話の途中に頻繁に「まぁ」という「つなぎ言葉」が入るし、語調はちょっと聞くと北九州の人が喧嘩腰で喋っているのとよく似ている。そんなことから、朴氏の説は「本当ではないか」と信じたくなる。

われわれが純粋の「ヤマト言葉」だと思って使っている言葉が、かつての伽耶《かや》の国、すなわち任那――今の慶尚南・北道の言葉だったというのが朴氏の説であるが、その当否はやがて多くの研究者によって正しく判定される時がくるものと期待したい。

朝鮮語はどこまで日本語の基礎になっているか?

日本には、八世紀に成立した『記・紀』や『万葉集』などの文献があるが、その時代の資料がなくなっている古代朝鮮語の復元は簡単にはいかない。それでも数かずの努力の成果があがっており、それがウラル・アルタイ語族に属することは文法的にも語彙的にも証明されている。

「水」のことを、トルコ語ではmu、満州語ではmu-ke、朝鮮語ではmil、もしくはmoiということから、それが日本語の「ミズ」になったということは、かねてから言われていた。そして、朝鮮語のpilが「ヒ(火)」であり、kʌmiが「カミ(神)」となり、moiが「モリ(森・山)」のことをさしているという。また、『古事記』にでてくる「曾富里《そほり》」は、新羅の国号だった「徐伐《ショブル》」に由来し、それが「都」のことをさすようになり、今日の韓国の首都のソウルにつながっているという。天孫降臨の場所についても、「高千穂の添山峯（『書紀の一書』）」と記されており、大和（奈良県）には、上下の添郡がある。

また、日本語の「国」は、「大きい」を表わす朝鮮語の「ク」と、同じく「地方」という意味の「ノ・ニ」が複合してできたとか、「郡」を表わすヤマト言葉の「コオリ」は朝鮮語の「コオル」で、同じく「村・ムラ」は「ナアル・マラ」であり、「里」とか「市」といった言葉についても、同様な説明がなされている。さらに、「海」を意味する「ワタ」や「畑」・「原」などの語についても、朝鮮語が基本となって生まれた言葉であるとされている。

そうした中で重要なのは、金属精錬関係の用語である。「銅」のことを朝鮮語では「kuli」といい、「刀や剣」のことを「khal」といったが、それが古代日本語では「カグ」および「カル」となったと考えられる。つまり、「香具・鹿児・栗」とか「軽・刈」という文字で表わされる言葉、あるいは地名の「香春《かわら》」などは、いずれも朝鮮語によって説明されるという。

古代日本語については、金思燁氏の『記紀萬葉の日本語』や『古代朝鮮語と日本語』に詳しい。ただ、言語学について素人である筆者に言わせると、日本語の「麦」は、朝鮮語のpoliから、同じく「稗」はFiyeから、「絹」はkipから、「鍬」はkwangiからきているという韓国の人の説明が正しいとしても、これらはすべて中国語の「麦・稗・絹・鍬」の発音が、それぞれ朝鮮人と日本人とによって聞き分けられてできたように思えてならない。

朴炳植氏の場合は、もっと徹底しており、「浜」とか「車」とか「等しい」といったような普通の日本語についても、片っぱしからその由来を朝鮮語で説明してくれるし、『記・紀』の神話の神の名前などについても、快刀乱麻の解説を施してくれるその見事さに驚くばかりである。

しかし、古代朝鮮《チョソン》語と言っても、右の例はすべて新羅《シルラ》系の言葉によるもので、日本語の起源については、それと系統の違う高句麗《コグリョ》語に求めるべきだとする見解も成り立ちそうに思える。

同じく朝鮮系の言語でも、すでに死語になっており、資料がほとんど残さていない高句麗語の復元については、『三国史記』の巻三七にある高句麗の地名の表記が手懸りとされて、いろいろと試みられている。それによると、「三峴県、一云蜜波兮」とか、「七重県、一云難隠別」というふうに、「三」という文字を「蜜《ミツ》」、「七」という文字を「難隠《ナノン》」と発音させていたと推定する方法がある。この方法で復元される高句麗語の数は僅かではあるが、その中に右の「三・ミッツ」や、「七・ナナツ」の他に、「五・ウィッ」であるとか「兎・ウサグム」、「鉛・ナマリ」、「谷・タン」、「城・コッ↓キ」というような例があり、まことに興味深いものがある。

もしかすると、高句麗・百済《ペクチェ・くだら》の言葉は半島南部にもたらされて伽耶語となり、それが変化してヤマト言葉が誕生したのかもしれない。そういう言葉が新羅系の言葉と複合して上代日本語ができたといったことも考えられそうに思えてくる。なお、言うまでもないことであるが、個々の単語の起源については、朝鮮半島からの渡来語だけではなく、縄文時代から列島内部で用いられていた言葉がいっぱいあり、それに南島方面や東南アジア地域から伝えられたものが加わったということは当然のことながら忘れるわけにはいかないであろう。

表現方式の共通性と相違点

欧米人や中国人、そして他の多くの国民は、他人を接待したり贈り物をする場合には、それは自分の好意の表われであるということを強調して、「貴方に喜んでいただきたい」という意味の言葉を添えることが習慣になっている。そして、ご馳走を受けたりする側に、苦心談や自慢話をタップリ聞かせることが礼儀となっている場合さえある。

それなのに、日本では「まことに粗末なものですが」とか「お口に合わないでしょうが」というように極端にへりくだったものの言い方をするのが作法になっており、「親切の押し売りは失礼である」と信じており、手前誉めほど、はしたないことはないとされている。この風習は外国人にとってなかなか理解してもらえないだけでなく、「粗末なものを何で人に贈るのか」というように誤解されてしまう。

ところが、朝鮮《チョソン》・韓国《ハングク》では日本とまったく同様に、自分のすることについては謙遜するのが当然とされており、その点では民族性が完全に一致している。また、目上・目下という対人関係の序列を常に強く意識していることも両者に共通している。韓国では、他人に紹介された時には、「何もわかりませんが、よろしくご指導してください」という習慣になっている。こういう心情も日本人には理解できるが、欧米人には奇異に感じるはずである。

韓国では、「三バカ」といって、「自分の自慢をする者」、「自分の配偶者を自慢する者」そして「自分の子を自慢する者」が挙げられている。日本でも自己宣伝は嫌味であり、慎ましやかであることは美徳とされている。ところが、欧米では「出る杭は打たれる」どころか、相当強烈に自己をアピールしなければ他人は認めてくれはしない。そのため、服装や態度の面でも異性の関心をそそるような開放性が要求され、一時代前の日本人であれば露出狂とさえ思えるような身なりが、コスチュームの端ばしに見られることは今では誰でも知っている。

こういう心情については、日本と朝鮮・韓国は共通と言えるが、意見の伝達の仕方となるとそうではない。朝鮮・韓国の人に言わせると「日本人は、ものをアイマイにしか言わず、本当の気持ちを隠している。聞いていてもどかしくてならない」とか、「日本人は、イエス・ノーをはっきり言わない」ということになる。そして、トコトン意志を確認しようとする。こういう態度は日本では「あいつは本当にしつこい奴だ」として嫌われてしまう。

また、朝鮮・韓国の人は、相手に好意を示すために、しきりと体に触りたがる。ポンと肩や膝頭を叩くのは親愛感の表われだが、日本ではそういうことはほどほどにしないといけない。

挨拶の仕方もだいぶ違う。日本では、「おはよう」、「こんにちは」、「はじめまして」、「お元気ですか」、「お帰りなさい」、「お休みなさい」というふうに、時と場合にわけて使いわける。ところが、「アンニョン・ハシムニカ」という言葉は、もともと「安寧ですか?」という意味で、日本の挨拶のすべてに通用するように旅行用のガイド・ブックには書かれている。

しかし、毎日顔を合わせている人が、会う度に同じことを言うわけはない。朝の挨拶には、決まり文句は無いというのが正しく、「昨夜はよく眠れましたか?」と言うこともあれば、「今朝は寒いですね」と言うこともあり、その都度ごとに自分が感じた言葉を言うことになる。

また、韓国では親しい人には「キツイ冗談」を言うことが多い。「おい、元気がないな。奥さんにご飯を食べさせてもらえなかったのか」というようなことを平気で言う。その点、日本人は屈託が多く、一つことについて何度でも礼を言う。「先日はどうも」が口癖になっている人がいる。そういうことは、欧米には無論のこと韓国にもない。何度も感謝の言葉を言うのは、「また、そうしてほしい」という催促の謎を掛けているとしか思われない。

こういう表現法の共通点や相違点は、一〇〇〇年以上の社会生活の歴史が生みだしたものであるから、そのことから両民族が同根であるとか、そうでないとか判定する根拠にはならないが、文化のタイプを比較するという意味では興味のあることに違いない。

風土と自然

朝鮮半島の北部の中国に近い地方は、海抜二、七〇〇メートルを越える白頭山が聳え、それにつづく蓋馬《ケマ》高原があり、気候は寒暑の差の大きい大陸性になっており、北海道に似ているが、南部の海岸沿いの一帯は、緯度的には群馬・栃木県とほぼ同じで、気候も本州と大差がなく、日本からの旅行者にとって、外国に来たという違和感は全然感じられない。

とりわけ、最近注目を集めている「伽耶国」があったとされている洛東江の西岸の慶尚北道の南半から南道にかけての一帯は、実際に歩いてみると日本とまったくと言っていいくらい同じ景観が展開している。高さ一〇〇メートル程度の山並みが幾重も連なっており、その間を縫うようにあまり広くない平地がうねるようにつづいている。

植物も日本で見られるものばかりで、春には桜や桃が咲き誇り、夏になると韓国の国花である槿《むくげ》が美しい。かつて、谷那の鉄の精錬とオンドルという暖房用のために、韓国の山はほとんどが禿山となっていたが、近年は植林が盛んに行なわれ、山々は若木の緑によって覆われている。ただ、日本では佐賀平野にしかいない鵲《かささぎ》が黒い羽を広げて飛ぶことだけが目立つ。

こういう土地に住んでいた古代伽耶の人たちが、海を渡って日本列島にやって来たとして、そこに見た風景への感想は「祖国と同じだ」ということと思われる。とりわけ、奈良県の大和盆地の中央の飛鳥《あすか》地方は、周囲を山に囲まれ新羅《シルラ》の古都の慶州《キョンジュ》とよく似た風景であるから、彼の地からの渡来者が「ここに都を定めよう」と考えたとしても不思議はない。因みに、「奈良」というのは、朝鮮語で「国」といった意味であるという。

しかし、自然に対する感じ方については、日本列島に住む人と朝鮮半島に住む人とでは、決定的な違いがあるらしい。それは、日本人は自然と一体になり、自然を慈しみ、その恵みにひたることを無上の喜びとしているのに、朝鮮の人はそれほどのことはないという。

例えば、日本人は草花を鉢植えにすれば、そこに感情を移入し、何らかの思い入れをして朝夕の世話をしている。その点、朝鮮の人は欧米人と同じく「美しいから飾る」というだけのことであって、草花はアクセサリーの一つに過ぎず、日本人のように生き物としてとらえはしない。

このことと関連して、近年、大脳生理学の世界で発見されたという「右脳・左脳」の使い方の人種による傾向の差があるという指摘は注目すべきである。秋の夜、庭先にすだくコオロギの鳴く声に、日本人は誰しも耳を傾け、そぞろ哀れを感じる。しかし、欧米人には虫の鳴声は単なる雑音としてしか捉えられないという。

研究者の教えるところによると、言語・計算・論理を司るのは左脳であり、音楽や直感的な感覚を司るのは右脳であるという。日本人は虫の「声」を左脳で聴くのに対し、欧米人には虫の「音」は右脳に聞こえるだけであるということになる。このことについては、朝鮮の人は欧米人と同じであるという。

日本人には朝鮮半島からの渡来者の血が大量に入っているはずなのに、脳の左右の機能の分化の仕方が異なるのは何故であろうか？　その理由は解明されていないが興味深い。因みに、太平洋諸島に住む人たちは日本人と同じく左脳で虫や鳥の声を聴くことを楽しんでいるという。

人類が住みかを変更することを決意する動機には、いろいろあるとしても、命からがら敵から逃れるような緊急避難の場合を除いて、これまで住み慣れた土地と気候・風土が似た地方を探して移住するのが一般的と思われる。いったんどこかへ移っても、できるだけ生活方式を変えないですむ土地を求めるに違いない。であるとすると、半島から列島に移った途端に脳の機能が変化する理由は理解できない。

ともあれ、日本列島と朝鮮半島とでは、動物にとっても植物にとっても生活環境としてはそれほど多くの違いは無く、海を渡って移住するには余り多くの抵抗は無かったものと考えてよさそうに思える。いわゆる弥生時代に、半島から列島への人間の集団移住が相当程度の規模で行なわれたことは、まず間違いない事実としていいであろう。

古代人の信仰には違いがあったか？

朝鮮半島で古来行なわれてきた信仰は、ムーダン（巫堂）とよばれるシャーマン（神憑りする司祭者）による神おろしの儀式（クッ）だった。今日、北朝鮮では社会体制の変化によってほとんどすたれてしまったということであるが、韓国では依然として民間信仰として根強く行なわれており、祈りによって密かに神霊とのコンタクトができるムーダンによって病気の治療から各種の占いや予言・祈禱が厳かに営まれている。

古朝鮮の開国の祖とされる檀君《タングン》説話にしても、神聖な樹木に天の神が降臨したというもので、土地のムーダンの崇天儀礼の形で営まれたものと考えられる。新羅の場合は、村長の蘇伐公が山の麓で馬の嘶《いなな》きを聞き、そこに行くと大きな卵があったのでそれを割ると幼児が現われ、その子が長じて国の始祖の赫居世《ヒョッコセ》となったというものである。「赫《ヒョッ》」とは「光輝く」という意味であり、神威を示しているが、蘇伐はこの場合、ムーダンの役割を果たしていることになる。

新羅の二代目の王の名は南解次次雄《チャチャウン》となっているが、『三国史記』の注には、「次次雄とは慈充《チャヂュン》ともいい、巫のことであり、鬼神に仕えたが、祭司を行なうので尊長の者のことを言う」としている。つまり、王がムーダンであったことを物語っていることになる。

高句麗から百済・新羅・伽耶に至るまで、王朝の始祖は神とみなされ、その墓所は神廟として今日まで崇敬されているが、『三国史記』の「新羅本紀」の第四巻の第一四代の王の智證麻立干の三（五〇二）年の記事に「王が自ら神宮を祀った」とある。これが、日本と朝鮮を含めて「神」を祀るために社殿を建てたとする信頼できる記事として最初のものとなっている。

日本では、『記・紀』の神話には、出雲の国譲りに際して、大国主命が隠遁する条件として杵築の宮を建てることを求めたとしており、それが出雲大社の起源とされているが、これは史実としては六

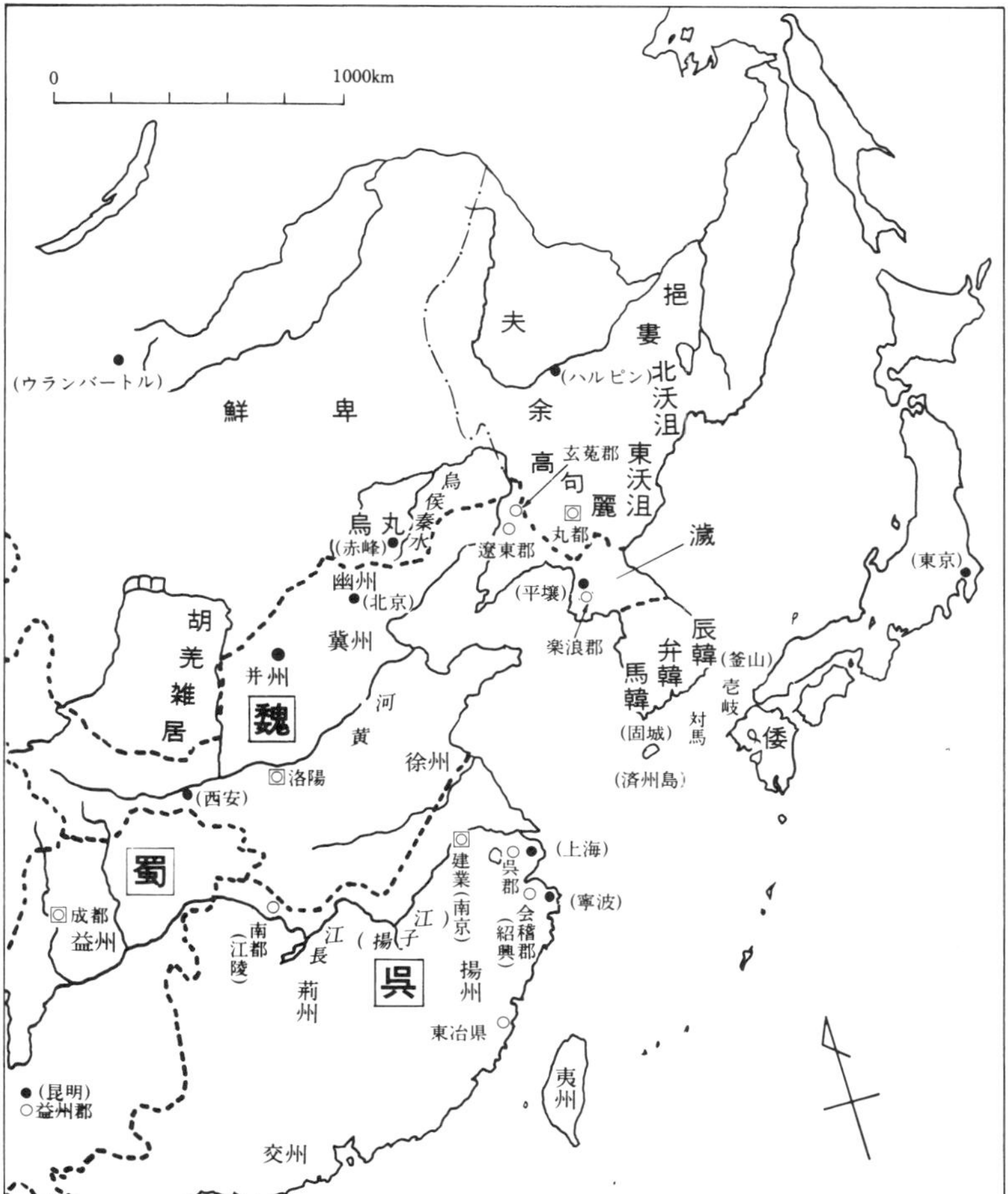

三国時代の東アジア(◎国都，○郡県名，( )現在の都市・地名)

世紀以前という証明はできていない。

この場合、注目すべきなのは、「鬼神」という文字である。これは中国の道教の影響があったとしなくてはならないからである。道教というのは後漢時代の太平道や五斗米道に見られる民間宗教のことで「人間は宇宙の本体たる道に帰一すべきものだ」とする教義をもつものであった。そして、方士という司祭がいて、しばしば霊妙な秘術をほどこしていた。

日本でも、宇佐八幡の神事はシャーマンによる鬼道の一種であり、『魏志』が伝える邪馬台国の女王卑弥呼も鬼道を行なうシャーマンとして描かれている。ということは、八幡の神の由来が朝鮮半島にあったことを暗示するものとまでは言うことができるし、卑弥呼の神的性格もまた、道教につながるものであると理解すべきことになりそうである。さらには、近年まで日本各地で行なわれていた各種の呪術（マジナイ）は、朝鮮半島におけるムーダンの秘術と無関係ではなく、その淵源が中国に発していることも指摘すべきであろう。

しかし、日本の神道一般となると、それが新羅の神宮につながるかどうかは、にわかには判定することはできない。それは、自然崇拝から発生したものであろうし、その神事はムーダンのものよりは古代イスラエルのユダヤ教の儀式にあまりにもよく似ているからである。

朝鮮半島に仏教が伝来したのは、三七二年に高句麗が最も古く、以後、五〜六世紀にかけて百済に仏教が普及していく。新羅ではやや遅れ、五二七年に法興王が仏教を公認している。その年は、伽耶国の滅亡する僅か前に当たっており、日本への公式な伝来の年と大差がない。

ところが、現在の韓国では、国家の保護が失われると、仏教は消滅したわけではないが勢力はかなり衰えている。それに対し、一七世紀に密かに禁令を破って中国から渡来したカトリック教のほうが盛んである。一九世紀には大弾圧を受けながら信者数は増し、一八八二年にアメリカとの協定によって禁令が廃され、以後、プロテスタント各派も民衆の中に浸透し、今日では広く社会改革に奉仕したり、ミッション・スクールなどを通じて近代教育の普及に努めている。

また、一六世紀以来、李氏朝鮮では儒教（朱子学）が国教化され、この教えが現在に至るまで韓国の大家族主義的なモラルを支える役割を果たしている。

社会体制はどう違うか？

朝鮮・韓国料理というと、誰でも真っ赤な色で舌を焼くような赤唐辛子と強い匂いのするニンニク（大蒜）を連想する。そして、「朝鮮では赤犬を珍重している」という俗説が有名になっているほど、朝鮮の人にとって食肉の習慣は抜きがたいものがある。淡泊な野菜や魚料理とアッサリとした醤油味に慣れている大正以前に生まれた古い日本人には、「朝鮮民族はわれわれの最も近い兄弟だ」と言われても、ちょっと信じがたいものを感じることであろう。

視覚や味覚というものは、生まれて後の習慣によるものであるから、いかに遠い祖先が同族であったとしても、千年以上を隔てれば、海と山ほど違ってくるのは当然と言えよう。

しかし、親・兄弟や夫婦の間のことになると、それは住む場所が変わっても容易なことでは変化しないと考えられる。では、家族制度や婚姻の風習に日本と朝鮮では相違点はあるのであろうか。この点については、決定的に異なっている。韓国では、今日でも「同姓不婚」の「宗族制度」が厳として存在しており、五親等以内の祖先が違うことを証明できなければ法律的には絶対に結婚は許されない。日本では、三親等以内——つまり伯・叔父と姪の結婚は認められないが、従兄・妹どうしならば結婚できるという近親結婚には甘い制度になっている。

したがって、朝鮮ではどの家にも祖先の系譜が備えられており、同姓つまり共通の祖先をもつ男女の愛は悲劇の原因になるので、あらかじめ避けられるようになっている。

ここで「家」と言ったのは、あくまで男系のもので、男尊女卑の思想が貫かれている。韓国では、女は男の家に嫁として入るものであって、平等な立場で二人の愛を温め合うというものではない。つまり、戦前の日本でも採用されていた「家」の制度は、多分に擬制的なものであったが、韓国ではそれが中国古来の「宗族制度」を堅く守ろうということになっている。

歴史的には、七世紀に誕生した統一新羅《シルラ》王朝が唐の律令制度を導入したことが、「宗族制度」の起源となっているが、つづく高麗《コリョ》王朝を経て成立した李氏朝鮮が儒教を国教の基本に据えたことが、男性本位の性モラルが厳重な家族制度を確立したことになる。

朝鮮半島の五大姓は、金《キム》（全体の二二％）・李《イ》（一五％）・朴《パク》（八・四％）・崔《チェ》（四・九％）・鄭《チョン》（四・四％）となっており、その五姓だけで全人口の過半を占めている。日本のように、一〇万もの名字があり、祖先のことなど何も考えずに自由に結婚できる国民には、なかなか理解できないことである。ただし、「同姓不婚」といっても、本貫（本籍のある土地）が違えば問題はない。同じ「金氏」でも、「金海《キメ》の金」と「光州《クワンジュ》の金」ならば結婚できる。

現代の日本人にとって、最も意外なことは、韓国には「姦通罪」が厳存していることであろう。日本でも戦前にはそういう名前の法律上の罪の規定があった。それは「有夫の妻」が別の男と通じることを禁止するものだったので、男女同権の新憲法に反するとして日本では廃止されたものである。ところが韓国では、その刑罰規定を男側の不倫にも適用することにして維持したわけである。

それはともかくとして、今日でも韓国では「料理の下手な女は嫁に行けない」といった感覚が根強く、女性を雇う企業は少ないため、せっかく四年制の大学を出ても、まともな就職口はほとんどないというのが実情になっている。

そうした国がらであるため、今日でも「家格」といった感覚が強く、日本の良家であるとか名門に相当するヤンパン（両班――もともとは高麗の官吏を出した家柄）という言葉が現実に生きており、その出自へのこだわりぶりは日本から見ると一時代も二時代も古く感じられる。

また、長幼の序列も厳重で、一家の主である父親が箸を取る前には食事に手をつけることは許されず、先輩の前では断り無しに煙草も吸えないという風習は現在でも守られている。

ただし、こういう制度や慣習は国家が定めたものが社会に定着したものであるから、それがいくら異なっているとしても、いわば後天的なものであって、日本と朝鮮の民族性の違いとしてことさらに論ずべきではないことは言うまでもない。しかし、同じ根から違う枝・葉が繁るということを知ることは、けっして無意味なことではないであろう。

伝統的意識の相違点は？

韓国を訪れた日本人が目を見張るものに高麗青磁の焼き物がある。あの幽玄な淡緑の磁器の肌合いは日本人の好みにも合致している。ところが、江戸時代に日本にやって来たオランダ人が「これこそ日本の美」だとして魅せられた有田焼の陶芸は、実は豊臣秀吉が朝鮮半島から掠奪してきた陶工の手になるものであった。

伝統的な日本の陶芸は、鉄錆び色の備前焼きや複雑な中間色の信楽焼きであり、原色の多い有田焼きは本来の日本的な美意識にかなったものではないと言う人もいるであろう。しかし、よく考えてみると、土師とか須恵器とよばれた土器や陶器の制作技術はもともと朝鮮半島から導入されたものであることは、韓国のどの大学にもかならず設置されている博物館の展示物を一度でも見た人なら知っているはずである。

しかし、それが千年を経ることによって、美についての感覚がまったく別の方向に別れてしまったという事実の重みを嚙みしめるべきではなかろうか。

その意味で、日本人は隣の国の文化について、いつの間にか偏見をもつようになっている。例えば、韓国旅行をした日本人がガッカリするのは、あの裾の長くゆったりとした民族衣装のチョゴリ・チマは滅多に目にすることができないことであろう。それは当然のことで、日本でも成人式や結婚式場でない場所で振り袖や留め袖の美しい着物を見ようと思えば、高いカネを払って料亭に行く必要があるのと同じことである。そこで、土産品店で原色鮮やかなメドウ（腰に着けるアクセサリー）だとかカラフルな民芸扇子を買って帰ることになる。

つまり、日本人は「派手な柄はゲテ物であり、上品なものは落ち着きのある控え目な柄である」といった信念のようなものをもっており、「せっかく外国に来たのだから、センスの違った物でも買って帰ろう」ということになるわけである。

それはそうと、両国の美意識にはどんな違いがあるのであろうか？　韓国の人の「モッ（日本語の粋に相当するシャレっ気）」と、日本人の「侘《わ》び」だとか「寂《さ》び」といった美意識にはかなりの差があることは確かなようである。韓国の人が「モッ」と言うのは、完璧に決まっているのではなく、どこか抜けているところを愛するというものである。それが、日本人の目にはなんとなく粗野であり繊細さに欠けると映ることになる。それは基準の相違で、優劣の差とは一応別のものである。

しかし、日本人のセンチメントと最もズレているのは、葬式の場面である。日本では、遺族たちは悲しみに耐え、弔問客の前で涙一つ流さないことが立派な態度として称賛されるのに、朝鮮・韓国人の場合には、死者の妻や娘は大声を上げて「哀号《あいごう》」して泣くこと（哭《こく》という）が当然とされている。これは、悲しみの心情をそのまま表現するというより、故人を哀悼するための一族としての義務ともいうべき作法になっている。

昔の中国では葬儀の際に雇われる職業的な「泣き女」がいたというが、死者を前にして泣く風習は朝鮮半島だけではなく、日本では沖縄や伊豆七島で今も行なわれており、もともとは東アジア共通の風習だったと思われる。日本で、葬式に涙をこらえるのを讃えるようになったのは、鎌倉時代以後の武家の風習が一般化したのではなかろうか？

一方、婚礼は以前なら夫の家で盛大にした点は両国とも同じであったが、近年になって自宅の挙式ではなく会館などで簡素な式をあげ、知人を招待する披露宴が終わると、両人はサッサと新婚旅行に出かけて行くという洋風のスタイルがはやっている点も共通している。

とかく日本人は周囲の人の目を気にし、狭い交際範囲内の義理を重んじ、他所者には極端な緊張感を示すのに対して、朝鮮・韓国では、大げさな言い方をすれば「人間みな同胞」といったような国際感覚を身につけている。この違いについて、日本列島と朝鮮半島の地理的な差異が、長い期間を通じて民族的な美意識や社会感覚の違いをもたらしたとする解釈は、多分にウガチ過ぎであり、コジつけという批判も避けられないであろうが、一面の真理を語っていると言えよう。

第二章　日本古代史における朝鮮——どこが問題なのか？

日本の歴史は変わったか？

戦前の日本では、自国の歴史のことを「国史」とよび、それは世界に比類のない尊いものであるとされていた。小学校から大学に至るまで、『日本書紀』に書かれていることはすべて歴史的事実であると教えられていた。すなわち、日本の国は天皇家の祖先であるイザナギ・イザナミの両神が国土を産んだ尊い国であり、その子であるアマテラス（天照）大神は高天原の神がみの中の最高神であり、その孫のニニギノミコトに対して「豊葦原の瑞穂の国（日本）は、お前の子孫が統治すべき土地である」という神勅を授け、下界に降臨させたという「皇国史観」を全国民は信じるように教育を通じて強制されていた。

もっとも、良識のある大学教授の中には、研究室で信頼のおける弟子に対してコッソリと「これは内緒だけれど」と前置きして、『記・紀』の記述を科学的・合理的に解釈すべきであると教えていた事実はあるし、津田左右吉のように敢然として自己の信念に基づく学説を唱えた者もいた。しかし、それさえも政治的圧力によって断罪されてしまった。

　ところが、敗戦を迎えた「国史」学界では、一転して合理主義・実証主義を標榜するようになり、「第十六代の応神天皇以前の歴史は虚妄であり、論ずるに足りない」として捨てて顧みないことが常識とされるようになった。そして、「天孫降臨」・「神武東征」・「神功皇后の三韓征伐」という『記・紀』の記述は、日本帝国主義の侵略性のシンボルであるとされ、そのようなテーマに関する論文は姿を消すというようなった。こうして、学校の歴史教科書においても、その内容は激変し、戦後の中・高校生たちは、主として考古学や社会経済史を土台とする、固有名詞の欠けた歴史を学ぶことになった。

　もっとも、米ソ冷戦の展開とともに自衛隊が創設されたことに対応するかのように、一九六〇年ごろから「愛国心教育」が政府筋で唱えられるようになり、復古主義的風潮が勢力をもつようになった。小学校の教科書には日本神話が登場するようになるが、それは他愛のない形で「出雲神話」がエピソード的に扱われたくらいである。

　それとともに、国会の場では「建国記念日」制定が論じられるようになり、歴史学界や教員組合などを軸とする幅広い国民的反対運動を押し切るように、六六年末には二月一一日という『日本書紀』に記された神武天皇即位の「虚妄の史実の日」が、国民の休日に指定され、翌年から施行されるようになった。さらに、七九年には「元号法」が制定されたことによって、年号という天皇の在位期間を示す年次呼称が国家としての公式文書に記録することが義務づけられた。また、文部省の学習指導要領には、「君が代」と「日の丸」を教育体系に導入することが指示されるようになり、こうした形での「愛国心教育」が強調されるようになった。

そうした動きとは別に、同じころ民間では「邪馬台国論争」で象徴される「古代史ブーム」が起こり、アマチュア研究家の自由な視点から「日本民族のルーツ」であるとか、「日本歴史の謎の解明」といったテーマを採り上げ、鋭利な斬り口で扱う書物が続ぞくとして刊行され、象牙の塔に閉じこもる専門学者をタジタジとさせるような名著も数多く誕生した。

こうした中で、とりわけ脚光を浴びたのは考古学の世界であった。たまたま日本列島改造ブームに当たっていた事情もあり、列島全体が毎日のようにショベル・カーで引っ掻き回わされているにつれ、土を掘ると遺蹟が見つかるという有様であった。

考古学的発見の中で、国民的興奮を巻き起こしたのは、七二年三月に発見された高松塚古墳の内壁に描かれていた壁画と鏡や太刀であった。この遺蹟は七世紀末か八世紀初頭の貴人の墓であり、その被葬者が誰であるかにも興味が集まったが、何といっても、その壁画に見られる人物の服装や背景として描かれている四神図は、中国あるいは高句麗の影響が濃厚であったことが多くの論議をよび起こすこととなった。

それ以外にも、六八年に発見され七八年に解読された埼玉県行田市の稲荷山古墳の銘剣や、八四年の夏に島根県の斐川町神庭の荒神谷で発掘された三五八本もの銅剣なども大きな話題となったが、高松塚遺蹟に劣らぬ衝撃を考古学界に与えたのは、八五年の秋に奈良の法隆寺の隣の斑鳩の藤ノ木古墳の横穴式石室内の家型古墳の石棺からの六世紀後半の出品物である。奈良女子大の千田稔教授は出土した金銅製の鞍の金具の後輪の模様が蚩尤《シュウ》（中国の伝説上の怪人。製銅の神）であることを突きとめ、馬具製造者が中国の神を信仰していたと唱えている。さらに九二年になると、大阪府羽曳野市の峯ヶ塚古墳から藤ノ木古墳より半世紀ほど前の金銀製副葬品が多数発見されている。しかし、貴重な考古学資料が埋蔵されていると思われる「天皇陵古墳」の発掘は、皇室に対する国民感情を損ねるという非論理的な理由から宮内庁によって阻まれている。

このような考古学上の発見が物語る数かずの話題を貫く最大のテーマは、古墳時代以後の日本列島の文化が、ほとんど高句麗・百済・新羅および中国の圧倒的な影響の下で形成されていることを、現実の出土物によって裏づけたことである。つまり、この時代のヤマト王朝では技術面だけでなく、精神面でも大陸文化の模倣というより、そのもの自体と言っていいほど外来のものによって、貫かれていたという事実が、否応なしに確認されたことである。

そして、それまではヤマトの王権はヤマトで成立したものであるから、日本民族を代表する権威あるものであった、というような思い入れが支配的であったが、そういう構想の物質的根拠がむなしくも崩壊していったわけである。それとともに、ヤマト王朝そのものが、大陸から渡来してきた騎馬民族の征服王朝であったとする江上波夫氏の説がようやく有力視されるようになった。

吉野ヶ里と大成洞の文化は共通のものか?

八九年の夏、佐賀県鳥栖市の西二〇キロほどにある三田川町の吉野ヶ里で縄文・弥生時代から古墳時代に至る数層の遺蹟の発掘の成果が公表され全国的な話題となった。この遺蹟は標高差が十数メートルの南北に伸びる狭い丘陵の東西の傾斜面になっており、一九五二年ごろに丘陵の北部から甕棺墓が発見され、前漢・後漢代の鏡をふくめ多くの遺物がでている。そして、この地に工業団地を建設するというので、八六年から調査を始めたところ、次つぎと発見が重なった。中でも注目されたのは、ヒミコの時代の二重環濠集落の住居跡である。そこには、一〇〇戸もの竪穴住居跡が発見され、中からは石鏃・石斧・銅剣鋳型や鏡片などが多数出土している。

この環濠の外濠は幅が六メートル半、深さが三メートルもあって、外部からの攻撃を防ぐ意志がありありと感じられる。また、眺望のよい六カ所には物見櫓と推定される柱穴が発掘されたことも話題となった。

ここでは、弥生時代の甕棺墓などが約二、五〇〇基も発見されているが、やや離れた場所にある墳丘墓は王族の遺体を葬ったものと考えられ、その副葬品が注目された。とりわけ全長四四・五センチの有柄銅剣とガラス製管玉が注目された。こうして、吉野ケ里は邪馬台国そのものではないかとさえ論じられるようになった。

そして、三年後の九二年の夏から秋にかけて、東京・京都・福岡では「伽耶文化展」が開催された。その展示物を観覧した人なら、古代日本は文化的に朝鮮半島と密接につながっており、三世紀から五～六世紀の倭国と大和王朝の支配層は伽耶地方から来たに違いないということを、物的証拠をつきつけられて承認を迫られたかのような圧迫感さえ覚えたに違いない。

そこで最初に目に入る慶尚《キョンサン》南道の昌原にある茶戸里一号墳出土の「漆鞘銅剣」（BC一世紀）とその隣に展示されている佐賀県の吉野ケ里遺蹟出土の「有柄銅剣」（BC一世紀）とは意匠面でも製造技術面でも互いにきわめてよく似ており、両者は起源的に同一ルーツをもつものと感じたことであろう。

同じことは、つづけて展示されていた鏡片・馬鐸・銅矛・鉄斧などについても言えることである。そして、時代が下って五～六世紀に至るまで、首飾り・馬冑など多くの遺品について日本列島内部で発掘されたものとほとんど同じものが伽耶地方で見つかっていることに目を見張ったことであろう。

ところで、一九八九年に始まった韓国の金海市の大成洞《テスンドン》古墳の発掘の報告によると、その一三号と二三号古墳からは従来は日本固有の遺物と考えられていた巴型銅器や筒型銅器・碧玉製品の紡錘車が出土し、考古学者を異常なまでに興奮させ、伽耶地方こそは日本人の原郷であるとまで唱える人も現われた。また、この遺蹟からは銅鍑（ケトル。湯沸かし釜）や虎型の帯鉤などの北方騎馬民族固有の物も出土しており、この遺蹟の主人公である王族が、シベリアより西の地方からの渡来者であった可能性が高まってきた。

北方系の遺構としては、すでに同じく伽耶に属する玉田《オクチョン》古墳（慶尚南道《キョンソン》の陜川《ハプチョン》）遺蹟から石槨（石板で囲った棺）墓が発掘されているし、伽耶地方からは金属製の馬冑なども見つかっており、騎馬民族の渡来は予想されていた。また、大成洞に近い金海市の鳳凰台古墳からは、三世紀の環濠住居跡も九二年に見つかっており、この地方の社会は日本の弥生時代とよく似ていることも確認されている。

こうした事実をふまえ、東アジアの考古学界のみならず古代史や比較言語学などの世界では急速に共同研究の気運が巻き起こった。そして、マスコミなどの後援を受け、日本と南北朝鮮に中国の代表を交えたシンポジウムや討論会などが東京や横浜など各地で何度か開かれるようになったのである。そこでは、四世紀から六世紀にかけての東アジア全体の歴史を見直し、独断や偏見に捉われない真実の探求の道があらためて探られ、諸民族の共通の歴史の形成がはかられる気運が生まれてきている。

これらの共同研究の場では、遺蹟やその出土物の比較から伝播経路などの問題だけでなく、社会構造や風俗の変遷、そして国家体制の形成過程などにも関心が向けられ、これまで空白のままであった当時の東アジア諸国の関係などについても活発な議論が交わされるようになっている。

ここで重大なことは、偏狭なナショナリズムの眼鏡によって事実の判断を誤らないことであると言いたい。もし、AとBの二つの地域で酷似した事物が発見されたとき、それをどう解釈するべきであろうか？　それは対等な立場での交換によるものか、どちらかの手による収奪あるいは献上物または下賜品であるのか、それともAからBへ、もしくはBからAへと人間の移住によって移動ないし移植されたものかを判定しなくてはならないことになってくる。その場合、自民族の優越を誇りたいという気分が起これば判定を誤ることになってくる。例えば、大成洞古墳の倭風出土物について、それを日本産のものが輸入されたものであると韓国の学者が判定しているというが、即断するにはまだ早いものと思うべきであろう。

しかし、大勢から見るならば、日本列島からの出土品のほうがやや時代が遅れていることから、伽耶地方に住んでいた人たちが海を渡って移住して来たことによると考えるのが正当性を有すると思われる。まだ結論はでてないが、韓国の有柄銅剣は各部分ごとに鋳造してから組み合わせるものであるが、倭国製のは一度に鋳造する点が違っている。しかし、その点については銅剣の製造技術はあちらで始められたであろうが、吉野ケ里にかぎらず、銅剣だけが渡来したのではなく人間も往来しているし、それを造る技術も朝鮮から渡って来たに違いない。国産か輸入かにこだわることは意味がない。

弥生時代には国境はないし、伽耶にも北九州にも、出雲や吉備にも、同じ文化をもった同系統の人

――倭人が住んでいたのであるし、倭人と韓国人の間にも文化的共通性が強かったはずであるから、現代の基準から変な民族意識に引きずり回されてはいけない。

発見された管玉は化学的には、あの青色のガラスの材質は中国の湖南省のもので、大成洞古墳から出た青い管玉も同じであるという。どちらが先かとか、一方は輸入品であるというふうにも考えられるが、両方とも同じ文化圏に属していたとするべきであろう。

このような考古学的発見に触発されて、日本民族のルーツについて、それを伽耶地方ひいては北アジアの騎馬民族に求める立場には、きわめて有力な手懸りが提供されたことになる。学問の世界に予断と偏見は禁物であるが、古くからある「日本・朝鮮同祖説」の成立の可能性とその限界を探ることは、日本古代史に関心のある人たちにとって目下の主要テーマとなったと言うことができよう。

高天原神話とは何か

『古事記』や『日本書紀』の神話は明らかに歴史ではない。しかし、だからといって、それを無視したまま、「日本民族とは何か」について語ることはできない。何故かと言うと、日本人が毎年初詣でする神社の祭神の多くは「高天原」にいたとされている神や『記・紀』の神話の舞台とされている出雲で活躍したという神であり、こうした信仰が根強く今日まで伝えられている以上、その背後には民族的なアイデンティティを示す何ものかが潜んでいるはずである。

こうした神がみの中で最も注目すべきなのは、スサノオ（須佐之男命・素戔嗚尊）であろう。この神を祀る氷川神社や八坂神社は全国に数多くあるが、その位置づけは、伊勢の皇大神宮に祀られる天皇家の始祖とされるアマテラス（天照大神）の弟ということになっている。

日本神話は、その最初に「高天原」に住んでいた宇宙の根源であるという神がみの名前が挙げられてあり、その中のイザナギ（伊邪那岐・伊弉諾尊）・イザナミ（伊邪那美・伊弉冉尊）の男女の神による「国生み」、つまり日本列島の誕生の話が述べられている。そして、この二柱の神は、山川草木を生んだ後に、アマテラスとスサノオ、そしてツクヨミ（月読尊）の三貴神を生むことになっている。

スサノオは、姉のアマテラスに対して高天原で乱暴を働いたため、下界に追放されて出雲の国に降り、その土地で八岐大蛇《やまたのおろち》を退治することになっている。その後、出雲の建国者であるオオクニヌシ（大国主）が苦労を重ねてスサノオの娘と結ばれる話がつづく。

ところが、この「出雲神話」は奈良時代に編集された『出雲国風土記』には不思議なことに何一つ載せられていない。スサノオやオオナムチ（大国主のこと）の名前はでてくるが、それは出雲の地方神のことであって、『記・紀』に語られている神とは別のものとなっている。

それはともあれ、スサノオは高天原の神がみによって「根の国に行け」といって追放されるが、『日本書紀』の「一書」には、子の五十猛《いたける》とともに金銀の多くある「新羅《しらぎ》の国に行き、曾尸茂梨《ソシモリ》にいた」と記している。そして、「自分はこの国にいたくない」というので埴土《はにつち》で舟を造って出雲に渡ったという注目すべき記述がある。しかも、イタケルは多くの樹種を高天原からもって来て、「韓地には植えずに筑紫から始めて大八洲《おおやしま》（日本列島のこと）に植えた」というふうに記している。

このことについて、韓国にいくつか見られる「牛頭」という地名が「ソ・モリ」と読めることから、スサノオの新羅行きを史実の反映だと解釈する人がいる。しかし、朝鮮語で「ソ」とは「大きい」という意味であり、「モリ」とは「山」のことであるから、スサノオが天降った鳥髪山のことをさしているというふうにも見られる。いずれにしても、スサノオは朝鮮と関係が深い。これと関連して、京都の八坂神社の祭神はスサノオとされており、それが「牛頭《ごず》天神」であるとも伝えられていることも興味深いものがある。

このスサノオの正体については、この神のことを出雲の国に実在した英雄であったとか、特定の人物を神格化したものとする解釈がしばしば行なわれているが、それは甚だしい誤りであると思う。『出雲国風土記』に現われるスサノオは一地方神であり、『記・紀』で活躍する勇壮な神とは何の関係もない。『記・紀』のスサノオとは、多くの人たちの伝承の世界で作り上げられた「勇敢で民衆のために戦った神」とか「朝鮮から恵みをもたらした神」といったイメージを合成し、それを高天原の女神の弟として配置した観念的な神格と思う。

しかし、関東地方に多い氷川神社の祭神は、出雲の人たちが移住して来て郷土の神としてのスサノオを祀ったもので、後に『記・紀』が語るスサノオ像をそれに重ね合わせたものであろう。

ところで、『記・紀』の日本神話の舞台になっている「高天原」とは何であろうか？　それは神がみの住みか——オリンポスであるとされているが、神話と歴史とを結ぶ「天孫降臨」の出発点として見るならば、「高天原」とは天皇家やそれを取り巻く氏族たちが、葦原中つ国すなわち日本列島に移住して来る前にいた場所であると考えるのが自然の解釈ということになる。

神話では、そのことをアマテラスは孫のニニギ（邇邇芸命・瓊瓊杵尊）に、「葦原中つ国は汝の子孫が王として支配すべき国であると宣言し、天降りさせた」というふうに述べている。

アマテラスという神の実態についても、『日本書紀』が描く高天原の支配者であると性格づけているのは、その神を天皇家の祖先とする系譜を創作することによって、天皇家による支配を正統化するための虚像であると考えたい。その本来の姿はあくまで「日輪」であり、古代の朝鮮半島にいた一族の信仰の対象としていたものであったと思う。

ところが、アマテラスの子孫であるはずの崇神天皇は、「アマテラスを宮殿に祀ることはよくない」と言って、皇女を付けて移転させ、次の垂仁天皇の時代には伊勢神宮にアマテラスを封じ込めてしまう。つまり、アマテラスは皇室からは敬遠されてしまったわけである。このことは、後に見るように、崇神天皇とはアマテラスの子孫ではなく、外部からヤマトへ侵入して来て新王朝を建てた者であることの証拠である。『古事記』は、崇神天皇のことを「初国しらすスメラミコト」とよんでいる。

さて、ニニギは筑紫《つくし》（九州）の地に降り立ったとき、「此地は韓国《からくに》に向い、笠沙之御前《かさきのみさき》をまき通りて、朝日の直刺す国、夕日の日照る国なり」と述べたとしている。そのことから、ニニギが出発した「高天原」とは韓国のことであったということになりそうに思われてくる。

いずれにしても、日本神話は最初から朝鮮半島のことを強く意識しながら構成されていることだけは確実である。そのことの真の意味は何であろうか？

天の日矛の謎

『記・紀』では、かなりのスペースを費やして記述されているにもかかわらず、日本古代史を論じた書物が故意か偶然かほとんど無視しているものに「ヒボコ（日矛・日槍）」の渡来の話がある。ヒボコについては、『古事記』は「応神の巻」の最後に、『日本書紀』は「垂仁三年」のこととして、新羅の王子が宝物をもって渡来し、その子孫が但馬《たじま》（兵庫県北西部）の出石《いずし》の地に住むようになったとしている。そして、どちらもヒボコの子孫の系譜を掲げ、その一族が日本古代史に大きな役割を果たしたことを暗示しているのに、何故かヒボコについて語るのは、民俗学者たちだけであり、歴史学者は沈黙を守っている。その理由は、ヒボコを伝説上の空虚な存在に過ぎないと考えているのであろうか？

ヒボコについては、『播磨《はりま》国風土記』にも何カ所かに記されており、その勢力は強く、上陸に際しては土地の神がみと猛烈な争いがあったように述べられている。また、ヒボコやその子孫を祀る神社は但馬国やその周辺に数多くあり、いろいろな伝承が遺されている。

ヒボコに関しては、谷川健一氏の『青銅の神の足跡』などが説くように、金属精錬や陶器の生産技術をもった集団が朝鮮半島から日本列島に渡来して来て、文化の発展に業績を上げたことの記憶を『記・紀』や『風土記』は、半ば説話として記したものだとしている。

ここで興味のあることは、ヒボコとは別に、『書紀』がツヌガアラシト（都怒我阿羅斯等）が女を追ってツヌガ（角鹿・敦賀）にやって来たという話を載せていることである。この人物はヒボコと同一だとされているが、その名前が「角のある人」であり、「牛頭」の冠をかぶった姿が連想される。しかも、渡来の動機として牛と白石の交換の話が書かれており、白石が変じて女になったとしていることは、後に見るように新羅や伽耶の初代の王が卵から生まれたという伝説と結びつく点にも注目すべきであろう。

民俗学者たちは、ヒボコのことを実在の人物とは考えず、精銅氏族の祖先を象徴する神の名であるとしているが、『新撰姓氏録』では、その子孫として当麻氏の他に、糸井氏と三宅氏の名前を掲げている。また、『太平記』では児島正徳は自ら「ヒボコの裔なり」と名乗っているし、豊臣秀吉の部将として「朝鮮征伐」に従軍した浮田秀家などもヒボコの子孫ということになっている。それだけではなく、身重の腹に石を当てて出産を抑えて「三韓征伐」にでかけ、九州に帰ってから王子を産んだとされている「神功《じんぐう》皇后」も、『古事記』に載っている系図では同じくヒボコの七代後の子孫ということになっている。このことは何を意味しているのであろうか？

しかも、この「神功皇后」が出陣する時、筑紫に出迎えた人物として「伊覩県主《いとのあがたぬし》の祖の五十《い》迹《と》手《で》」という名が『書紀』と『筑後国風土記』に現われる。そして自ら「高麗の国の伊呂《おろ》山に天降りましし日鉾《ひぼこ》の末」と称している。そのことから、『魏志』に出てくる「伊都国」というのは、朝鮮からの渡来のヒボコの子孫が建てた国ではないかという想定も浮かんでくる。

「神功皇后」の名前はオキナガタラシ（息長足・帯）姫というが、筑前の銅の産地である香春の神社の祭神について「辛国《からくに》息長大比咩命《ひめのみこと》」と「豊比咩」の名があり、それがオキナガタラシ姫をさしていることはまず間違いないし、同じ香春にある採銅所現人神社の祭神はツヌガアラヒトになっている。しかも、「豊比咩」というのは、豊前の姫島や摂津にある比売許曾神社に祀られている阿加比売——つまり朝鮮で白玉から生まれ、ツヌガアラシトがその後を追いかけて来た女性のことをさしているらしく思える。

こうなると、ヒボコが実在の人物の名前であるか否かはともあれ、古代の日本では、「朝鮮から女性を追って来た王子がいた」ということや、「銅を精錬する技術をもった集団が、朝鮮から九州に渡来して活躍し、やがて東に行った」ということと、「オキナガ氏の女性が朝鮮から帰って九州で王子を産んだ」といったような伝承が事実であると信じられていたことがわかる。

その意味から、ヒボコにまつわる何らかの史実がなかったはずはなく、そのことを無視して日本古代史を語ることは不可能であるばかりではなく、古代における日本文化の形成に関して、朝鮮半島がもっていた重みを見誤ることになることには誰しも異存はないはずである。

神功皇后は実在したか?

『記・紀』の記述について、その内容を批判的に研究することは、戦前は「神聖な皇室の権威を冒瀆するもの」として強く抑制されていた。そのため、「天孫降臨」と「神武東征」と「神功皇后の三韓征伐」および「日本武尊の各地の征討」のことは、天皇家が日本だけでなく、世界最高の尊い家柄であり、アジアに君臨することが正当であるとする「国民的信念」の根拠となる歴史的事実であると公式に認められ、皇民教育の最大の課題とされていた。

しかし、戦後になると、「学問の民主化」というので、反対に、この四つの記事を肯定するような言論は民主主義に反するものであり、『記・紀』の内容をそのまま認めようとする立場には「皇国史観」という断罪のレッテルが貼られ、コッぴどく批判されるようになった。

そのため、この四つの記事に関しては、その内容から部分的にでも真実が含まれているとするような見解さえも、ことごとく排除しようとする、およそ非学問的な風潮さえ見られた。

ところで、「神功皇后」による「三韓征伐」というのは、まったくの架空の事実としていいのであろうか？　この件については、付録の年表を見ればわかるように、新羅や百済の史実を干支で二巡（一二〇年）だけ繰り上げ、例えば、三七五年に死んだ百済の近肖古王のことを、二五五年に肖古王（近肖古王の二代前の王）が死んだように記し、あたかも朝鮮の史実と合致するかのように偽装している。なぜ、干支を二巡繰り上げたかというと、そうした上で、応神以下数代の天皇の年齢を適宜引き伸ばせば、『書紀』における「神功皇后」の摂政の時期を、ちょうど『魏志』が伝える邪馬台国の卑弥呼の時代と一致させるためと考えられる。

そういう工作を施したことは、『書紀』の編集者の苦心によるもので、そのこと自体は倭国が朝鮮半島に出兵したか否かということと、とくに関係のないことのはずである。問題なのは、八世紀のヤマト王朝の史官の手元に、倭国と朝鮮半島との間の戦闘についての客観的資料がどれだけあったかということと、『書紀』の編集者が政治的配慮から資料についてどれだけの歪曲を加えたかということでなくてはならない。

現在、われわれが知っている古代の日本と朝鮮との関係についての資料と言えば、付録の年表に掲げた『三国史記』に記されている史実と「広開土王《クワンゲトワン》の石碑文」だけと言っていい。したがって、それらを根拠として、「碑文」に刻まれているように「三九一年に、倭兵が海を渡って新羅・百済を臣とした」というような事実がありえたかどうかを検討すべき出来事ということになろう。

その場合、『記・紀』の記事に捉われ過ぎることは誤りのもとであるが、それを頭から否定してかかることも正しい態度とは言えない。『記・紀』の記事は、当然、八世紀の感覚で手元の資料を適宜に取捨選択したものであるから、そのすべてが虚偽ではなく、時代や固有名詞を差し換えて配列したものとすべきであろう。したがって、「神功皇后」の記事は、「新羅王の即時降伏」などは別とし、まったくの創作ではなく、百済資料などに潤色を加えて編集したものと考えるべきであると思う。ほぼ間違いなく事実と言えそうなことは、広開土王の碑文がある以上、「四世紀末から五世紀初めにかけて、倭の兵が朝鮮半島で新羅の軍と何度も戦った」ということだけだろう。勝った、負けたは戦闘当事者の双方の希望的な判断で歪められるが、戦闘があったこと自体は否定できないと思う。

ここで確認しておきたいことは、「オキナガタラシ姫という女性がいて、朝鮮に渡り、帰国後に九州で男子を産んだ」ということは、九州から瀬戸内沿岸各地に広く伝承されており、『記・紀』とは無関係に『万葉集』にも歌われているから、内容の細部はともあれ、少なくとも八世紀の時点で、多くの人が事実であると信じていたことは確かである。

しかし、「神功皇后」という人物はまったくの架空的存在と言わざるをえない。なぜかというと、その夫として描かれている「仲哀天皇」が実在することは、まずありえないからである。その理由は、この「天皇」の父は「日本武尊《やまとたける》」とされているからである。『書紀』によれば、「仲哀天皇」は父の死後三七年後に生まれている。というわけで、「日本武尊」の子として「仲哀天皇」が存在することは不可能であるし、その皇后などいるはずはない。つまり、「神功皇后」はデッチ上げの虚像ということになる。

つまり、四世紀の末に倭人の軍が朝鮮に出兵したのは史実としていいが、それはヤマト王朝の正規軍ではなく、ましてオキナガタラシ姫は九州方面にいた女性であって、ヤマトから派遣された三韓征討軍の指揮官の妻だったわけではないことになる。

任那に日本府があったのか

『日本書紀』に初めて「任那《みまな》」という文字が出てくるのは、「垂仁二年紀」の中である。そこには、「御間城《みまき》(崇神)天皇の時、意富加羅《オオカラ》の王子のツヌガアラシトがやって来た」とあり、天皇は「ミマキの名を負いて汝の国の名とせよ」と言ったというふうに記されている。これは「任那は日本固有の領土だ」というように主張する根拠としてデッチ上げた話であることは明らかである。しかし、天皇家と縁もゆかりもない、よその国に対して「自分の名前を付けろ」というのは変な話ではなかろうか。

では、この話の本当の意味は何であろうか? それについては、「ミマキ天皇こそ朝鮮の任那の出身であったから、自分の名前の由来を逆にこの話に托して語ったのである」と解釈する人もいる。その当否については後に考えることにしよう。

それはさておき、この「任那」という地名は『日本書紀』が創作したものではない。広開土王の石碑にも、「四〇〇年に、新羅の城に倭賊の兵が満ちていたので、高句麗軍が救援して任那・加羅に至り、倭兵を追い出した」という意味のことが記されている。また、五世紀に中国の南宋に朝貢した倭王の済と武は、皇帝に対して「使持節都督・倭・新羅・任那・加羅・秦韓・慕韓六国諸軍事……」という称号を認めてほしいと申請して許されている。

ここで「任那(ニムナ・みまな)」というのは、現在の慶尚《キョンソン》南道から北道の南半のうち洛東江《ナクトンガン》の右(西)岸の一帯のことであるとされている。このあたりには、後に述べるように六世紀の初めまで、駕洛国《カラック》つまり伽耶国があった所のことである。そして、右の二つの資料が物語ることは、この任那には四〇〇年現在、「倭兵」がいたということと、五世紀にヤマトの大王が任那だけではなく、新羅や秦韓・慕韓（この二国は当時はすでに新羅領になっていた）にまでわたって軍事的支配権を申請したところ、中国の皇帝はそれを承認したということになる。

ただ、南宋の皇帝は、朝鮮については百済の存在は知っていたとしても、事情に詳しくなかったと思われるから、倭王の申請をそのまま認めただけのことで、いわば実質の伴わない虚名が与えられたと解すべきところであろう。しかし、いかに倭王がいい加減な法螺吹きであったとしても、「これらの土地に対する支配権について何らかの根拠をもつと信じていた」とするのが自然な推論であろう。

ところで、問題なのは五世紀から六世紀にかけて、朝鮮半島の中に「任那日本府」というものがあったか否かということが問題になる。そのころは「日本」という国号は使われなかったはずだから、「倭府」と言い直すべきであろうが、いずれにしても、何らかの足懸りをヤマト王朝が任那の地に有していたかどうかということである。この件については、最近、伽耶問題をめぐって何度か開かれている国際シンポジウムでも重要なテーマの一つとして採り上げられているので、あらためて考察を加えたい。

『日本書紀』には、雄略二年（四五八年ころ）、天皇は百済から差しだされていた池津媛を召そうとしたが従わなかったので焼き殺したという記事があり、三年後、百済《ペクチェ》の蓋鹵《ケロ》王は女ではなく自分の弟の軍君（琨支）を倭に人質として送り善隣をはかっている。そして、その軍君の妻が倭国に来てその島で産んだ子が斯麻《シマ》王、後に百済に帰り武寧《ムニョン》王となっている。

そして、雄略七年（四六五年ころ）になると、吉備《きび》の上道臣《かみつみち》の田狭《たさ》という男が妻の稚媛《わかひめ》のことをしきりに自慢していたところ、それを聞いた天皇は田狭を任那の国司に任命して稚媛を手に入れてしまったという事件があった。そのことを知った田狭は新羅に援けを求めて天皇に対抗しようとしたので、天皇は田狭の弟に命令して兄を討たそうとしたが、田狭は巧みに弟を欺き自分の味方にしようとした。ところが、弟の妻の樟媛《くすひめ》は夫を殺してそれを阻止してしまう。

そのような事情があって、翌年、高句麗《コグリョ》の侵入を受けた新羅《シルラ》は任那の日本府に対して救援を求めてきたので、任那王は膳 臣 斑鳩《かしわでのおみいかるが》らに命じて高句麗軍を撃退させたとしている。

これが「任那日本府」が『書紀』に初めて顔をだすいきさつであるが、朝鮮の正史である『三国史記』には、「高句麗本紀」にも「新羅本紀」にも、四六八年に高句麗軍が新羅を攻撃したと記しているから、この事件の背景としての新羅・百済の戦いは事実であったとしなくてはならない。しかし、新羅が任那に援助を求めたという件については、「新羅本紀」に四五九・四六一・四六三・四七六・四七七年の五回にわたって倭軍が新羅を攻撃したという記事が載っているから、任那日本府と「倭」とは別ものであったとしても、任那が新羅を救援した意味はちょっと理解しにくい。このへんの事情については推察することしかできない。

ヤマト王朝の百済との接近は何を意味しているのか？

雄略九年、田狭《たさ》の反逆をキッカケに、ヤマト王朝は新羅に対して兵を送る。派遣軍を率いた紀小角《きのおつぬ》と大伴談《かたり》らは病死あるいは戦死して、この遠征は失敗に終わる。

その後、身狭村主青《むさのすぐりあお》を呉《くれ》に派遣し、呉からも織姫たちが来朝したとあるが、この呉というのは高句麗のことと思われる。そして、雄略二一（四七七）年、「百済が高句麗に滅ぼされたので、天皇は久麻那利《くまなり》を汶洲王（文周王）に与えてその国を救った」と『日本書紀』は記している。

　そして、注には、「久麻那利《くまなり》は任那国の下哆呼唎《あろしたこり》県の別邑なり」と記されている。ところが、「百済本紀」には、「四七五年、百済の蓋鹵王《こうろ》は高句麗軍によって倒されたので、その子の文周王（汶洲王）が即位し、都を熊津に移した」とある。熊津は今日の忠清《チュンチョン》南道の公川《コンジュ》のことだが、それを熊川とも書かれ、「クマナリ」と読まれている。とすれば、『書紀』の記事とつながり、ヤマト王朝は滅亡した百済の再建のために、「ヤマトの支配下にある任那の土地の一部であるクマナリを割いて与えたので、そこが新生百済の首都になった」というふうに読み取れる。

　ともあれ、それまで現在のソウルを流れる漢江《ハンガン》のほとりにあった漢山《ハンサン》城に依っていた百済《ペクチェ》は滅び、錦江《キムガン》に面する熊津（公川）を根拠とすることになった。しかし、高句麗の圧迫はつづき、五三八年になると、同じ錦江の中流の泗沘《サビ》（扶余《プヨ》）に都を移すことになる。

　倭王武が、宋の皇帝に上表文を捧げ、「倭・新羅・任那・加羅……」の諸国に支配権を主張したのは、四七八年のことであり、『書紀』でその翌年の記事には、「百済の文斤王（三斤王）が亡くなった。天皇は（大和にいた）幼年の末多王《マタ》を招き、筑紫の軍士五百人をつけて百済に送って国王とした。東城王《トンソン》がそれである」という意味のことが記されている。

　このあたりの『書紀』の記述をそのまま読めば、ヤマト王朝は百済が滅びかけると、すぐに救いの手を差し伸べるパトロンのように見える。「百済本紀」には、国内に謀反者がいたことは記しているが、東城王は「昆支の子で、胆力がすぐれていた」とするだけで、たんたんと事実だけを伝えており、日本から送られて即位したとは書かれていない。

その後、顕宗三（四八七）年に、紀生磐《きのおいわ》が任那によって高句麗と誼みを通じ、その威を借りて三韓の王となろうとした、という事件が載っている。しかし、百済王が部下に命じて反撃したので、生磐は空しく任那から帰国したとしている。この話は「百済本紀」には記されていない。

六世紀に入ると、継体三（五〇九）年、百済は「任那の日本の県邑にいる百済の民を百済に返したこと」を記し、その三年後、百済は「任那の領域のうち上哆唎《おこしたり》・下哆唎《あろしたり》・娑陀《さだ》・牟婁《むろ》の四県（現全羅《チョルラ》南道）を百済に割譲することを要求してきた」とある。この問題について、朝廷では会議が開かれ、ヤマトからこの地域に派遣されていた国守の穂積臣押山は、調停的立場から百済の要求を支持し、四県の割譲を提案したところ、大伴金村はすぐに賛成し、物部麁鹿火《あらかひ》は途中から反対に回った。結論としては、金村の主張が通り四県割譲が決まった。

ところが、任那北部の伴跛《はへ》国は、この決定に怒り、百済に割譲された娑陀《さだ》県の北部である己汶《こもん》を実力で奪取した。これに対して、百済は伴跛の制裁を要求し、百済・新羅・安羅（任那の中の最南端の国）と会盟し、己汶《こもん》に帯沙《たさ》（己汶の南東の地方）まで加えて百済に割譲することになった。そのため、伴跛は憤激して城を築き、新羅に侵入したりして抵抗した。

ここで確認しておくことは、任那というのは地域名であり、北は慶尚《キョンソン》北道の高霊《コリョ》付近にあった伴跛（加羅・大伽耶《テガヤ》）から南は今日の釜山一帯にあった金官《クムガン》（安羅・南加羅）に至る小国家の緩い連合体のことをさしているということである。

そうこうしているうちに、五一四年に即位した新羅の法興王は、五二二年に加耶国王の求めに応じて伊湌の比助夫の妹を花嫁として送り込み、任那の南部に楔を打ち込んだ。その翌年、百済の武寧王が死ぬと、四年後の五二七年、ヤマト王朝は意を決して近江毛野に六万の兵を率いて任那に進攻させ、南加羅とその北方の喙己呑《とくことむ》（現慶山《キョンサン》。大邱《テグ》の東方）を復興しようと試みことになる。ところが、その時、筑紫の君の磐井《いわい》の反乱が起こり、局面は混沌としてしまう。

任那の滅亡とその復興へのあがき——磐井の乱とは何か？

ここで述べている任那関係の出来事は、すべて『日本書紀』の記述だけに依っている。「百済本紀」は、この時代のことに関しては、高句麗との抗争のことと疫病や災害の記事しか伝えていない。「新羅本紀」も智證王と法興王による国内体制の整備についてだけ記しており、倭国や任那については何の出来事も語っていない。

さて、筑紫の磐井の反乱については、磐井が新羅と通じており、継体王朝の遠征を阻止するためだというのが『書紀』編集者の見解であるが、磐井が造った岩戸山古墳を見れば、彼の勢力が強大だったことがわかる。これは横穴式石室をもったもので、その形式は楽浪郡時代に始まり百済で行なわれていたものであるというから、磐井の新羅内応説の根拠は怪しげになってくる。

ともあれ、この乱が平定すると、五二九年には、毛野の軍は朝鮮海峡を渡り、百済・新羅国王に対して事態の平和的解決をはかろうと呼びかけた。しかし、どちらの王もそれを拒否してしまう。そうなると毛野は本領を発揮して実力行使に移り、金官・背伐・安多・委陀（一説では、多多羅・須那羅・

和多・費智）など洛東江沿岸の地域をかすめ取り、自分の支配下に置いてしまった。こうした行動は任那の官人の反発を買い、毛野は本国に召喚される。

そうした時期に、翌年、倭国の最高権力者である継体は世を去る。継体の歿した年には問題がある。『書紀』の本文では五二九年となっているが、それに加えて、「或本に言う」として、その年を五三一年だという説も掲げられてある。しかも、「また聞く、日本の天皇・太子・皇子ともに崩り薨せぬと」という風聞をわざわざ付記している。そのへんには謎が多い。

その後のことについては、『書紀』は、宣化二（五三七）年に大伴金村の子の磐と狭手彦を任那に派遣したと述べ、その翌々五三九年の暮に欽明天皇が即位したと記している。

この欽明の即位の年についても異説がある。『上宮聖徳法王帝説』や『元興寺縁起』には、欽明の即位は五三二年であるように書かれており、どうやらそのほうが正しいらしい。

ところが、「新羅本紀」によると、肝心の任那は五三二年に金官加羅国王の金仇亥（『駕洛国記』では仇衡）が王妃と三人の王子とともに新羅に投降したとしている。新羅王はこれを礼をもって迎え、本国をその食邑として与えた、と記している。それにもかかわらず、『書紀』はこのような重要な事実にまったく触れていない。この点、「百済本紀」が東城王が倭国から送り込まれたことを隠しているのと好一対と言えるであろう。

しかし、『書紀』は金官加羅国の滅亡すなわち任那の喪失の事実は、その時期と形は記さないものの、けっして認めていないわけではない。その証拠に、欽明五（五四四）年に「任那復興会議」が開かれたことが記されている。滅亡しなかったものを復興する必要はないからである。

このことについては後にもう一度検討するが、百済の聖明王が日本の吉備臣、任那の安羅や加羅の旱岐（首長）らを集め、「早く任那を建てよ」という詔勅を出し、意見を求めているからである。この会議に出席している安羅というのは元の金官加羅国のことで、加羅というのは伴跛のことをさしていると思われる。つまり、百済王が言わんとしていることは、新羅に吸収合併されてしまった安羅（金官）と加羅（伴跛）を再び独立させ、それらの旧伽耶系諸国の連合体（そのことを『書紀』は任那と唱えてきた）を復活させろという意味なのである。

このような経過を『日本書紀』の記事に即して見るかぎり、任那諸国というものは、それほど主体性をもって団結していたとは考えられず、「任那日本府」なるものも、仮に実在していたとしても、せいぜい諸国の連合体の事務局程度のものとしか思えない。それに「日本」の名前が付いていることが不思議に思えてくる。その点についてはあらためて考察したい。

以後、任那の復興ないしその妨害者であると考えられる新羅への武力行使の計画は、次の奈良時代まで執拗に繰り返され、ついに一度も実現の運びとはならなかった。その執念はすさまじいとも言えるが、ヤマト王朝の内部は、「百済あるいは旧任那支持一本」には固まらず、新羅への友好ないし反百済勢力もかなり強かったと考えられる。

朝鮮からの渡来順位による差別

大阪市生野区の一帯はかつて百済《くだら》郡とよばれていた。そこを流れる平野川（今は運河）は昔は百済川といった。府下の枚方《ひらかた》市には特別史蹟の百済寺跡が保存されており、その隣には百済王神社がある。

現在でも、京阪神地区には三〇万人もの在日朝鮮・韓国人が住んでいる。

関東地方では、東京都に狛江《こまえ》市があり、埼玉県入間《いるま》郡（昔は高麗《こま》郡）には高麗《こま》川という地名があり、高麗神社があって高麗王若光《じゃっこう》が祀られている。その近くにある飯能《はんのう》市の地名の由来は「韓の国――ハンナラ」であったという。神奈川県大磯の現在は高来神社とよばれている社も本来は高句麗神社であった。群馬県に多い木暮という姓は「コグリョ」すなわち高句麗のことである。また、神社の鳥居の傍には狛犬が控えている。

中部から関東・東北地方に多い「シラ（白）」の字の付く地名や名字は新羅系の名残りであるし、奈良の飛鳥《あすか》や島根県の安来《やすぎ》は安羅《あら》の人が開いた土地という意味である。

ＪＲ奈良駅の近くにある漢語神社の祭神は園韓《そのから》神となっている。『延喜式』の「名神祭」二八五社の筆頭に出ているのはこの神で、現在も皇居内にある「宮内省坐《います》園韓神神社」に祀られているのも同じ神である。

近代の日本人の常識では、最高の神と言えば伊勢の皇大神宮ということになっているが、朝廷では奈良時代以後、この神社には皇女を斎女として奉仕させてはいるが、皇族は参拝しておらずあたかも皇室に祟りをする神のように敬遠してきた。その理由は、前にも触れたように、崇神天皇が宮殿内にあったアマテラスを「倭大国魂《やまとおおくにたま》神と同坐させるのは良くない」というので外にだして以来のものである。ということは、以後の天皇はアマテラスの子孫ではないということにほかならない。

九州の北端の佐賀県唐津市は、「唐に行く港」という意味だが、「カラ」という言葉は奈良時代以後は、中国ひいては外国という意味で用いられているが、もともとは「韓」のことをさしていた。それも朝鮮半島全体のことではなく、「加羅・伽耶」のことであり、その言葉の内側には「原郷ないし祖国」といった響きが込められていたに違いない。あるいは、それは「穀」つまり「脱け殻」であり、昔は先祖がいっぱいいたが今は「空・カラ」になっているという想いと重なるものだったかもしれない。「どこどこから」という由来を表わす助詞として使われるようになった「から」も、同じ由来によるものだとするのはウガチ過ぎであろうか？

ともあれ、日本の各地には色濃く朝鮮半島と結びつく事物が満ち溢れんばかりにある。もちろんそれは五、六世紀以後に日本列島にやって来た渡来人がもたらしたものだということになる。しかし、それ以前から弥生文化の担い手として、朝鮮半島から日本列島に多数の人が渡って来たことがあることを忘れるわけにはいかない。むしろ、そのほうが列島文化の根底に潜むものとして重要と言うべきであろう。

しかし、どういうわけか、古墳時代以前の列島の住民、そしてそこに生まれた邪馬台国や原始ヤマト王朝のことを「日本人の先祖」として捉え、それ以後の渡来人や渡来文化と峻別する見方が主流になっている。そのためか、「渡来人とは何か」というテーマの論文でも、それは『新撰姓氏録』に「蕃別」として記されている、いわゆる帰化人氏族に限定しようとする傾向が強い。

『姓氏録』というものは、平安初期の段階で各氏族の尊卑のランクづけをするために作られたものであるから、朝鮮半島からの渡来の古い氏族は別格ということになる。それを端的に言うとなると、「高天原」の支配者であった皇族とその同盟者であった「天神系氏族」が最高とされ、「天孫降臨」に随行した「天孫系氏族」がそれに次ぎ、降臨を迎え入れた国津神の子孫とされる「地祇系氏族」がその次という序列になっていた。

このことは、新興開発のニュー・タウンで第一期入居者が「土地の草分け」として威張るのにも似た幼稚な心理などと言って笑うことのできる問題ではなく、当時としては優秀な生産技術と圧倒的な軍事力のともなった、それこそ疑いをさし挟む余地のない「絶対的な差別基準」に基づくものとして真剣に信じられていたランキングであったはずである。

日本の中の朝鮮文化

『魏志』が伝える民衆としての「倭人」は、全身に入れ墨（文身）を施し、男はザンバラ髪を布でたばね、貫頭衣を纏うという姿に描かれている。一方、高松塚や藤の木古墳の被葬者である貴族の服装は同時代の高句麗の上流階層のものと同じであった。その間の五〇〇年の年月がもたらしたものと並んで、貴族と民衆の差を「文化の変遷」として資料的に埋めることは容易でないどころか不可能に近い。しかし、文字の使用は邪馬台国時代にも外交面ではあったとしても、鉄器をはじめ金属精錬・農耕・紡織・建築・造船から葬祭の習俗にわたって、生活文化の隅ずみまで朝鮮から移入された文物により、日本列島に住む人たちの生き様が根本的な大変革を受けたことは疑うことのできない事実である。

このことは、渡来人のもたらした文化のほうが在来の縄文人と原倭人のものより圧倒的にすぐれていたことを意味している。

朝鮮では、ＢＣ七〇〇年ごろから無文土器・櫛目文土器が用いられ、日本の弥生時代より四〇〇年も前から稲作は始まっていたとされている。しかし、日本でも九州では無文土器が見つかっている。日本全国には、「スエ」という地名が二、〇〇〇カ所もあり、そこでは須恵器が生産されていたと考えられる。『書紀』に「近江の国の鏡谷の陶人《すえひと》は、天《あめ》の日槍《ひぼこ》の従人なり」と記されているように、陶器生産の技術は朝鮮からの渡来者によってもたらされている。

古代日本で珍重された「鏡・剣・玉」のいわゆる「三種の神器」のそれぞれを造る技術も、それをセットとして愛好する習慣も古代朝鮮のものである。とりわけ剣の生産には金属精錬技術が必要だが、青銅器も鉄器も西暦紀元前後の朝鮮からの続ぞくと渡来した人たちがもたらしたものであることはあらためて言うまでもないことであろう。

墓制度についても、甕《かめ》棺は南朝鮮からも北九州からも多数出土している。単なる器具類ならば貿易によって輸入できるが、墓制が共通することは人間の移住があったことを証明している。また、巨大な板石を礎石の上に積んだ支石墓も朝鮮南部と北九州に見られる。

このように、埋蔵文化財について考古学の教えるところでは、弥生・古墳時代の日本の文化はことごとくが朝鮮から渡来したものであると言っても過言ではない。

ところが、中世以後になるとそうでもなくなる。これは意外なことであるが、朝鮮の人が愛好する唐辛子は日本から薬としてもたらされたものであり、反対に、日本人の生活に欠くことのできない茶は高麗を経て輸入されたもので、喫茶の風習は朝鮮ではすたれてしまった。こういう逆転現象も両国間にはしばしば見られることである。キリスト教の浸透度にも差があることは指摘できる。

言うまでもなく、新来の文化が古い文化の上に重なる場合、それは一種のブルドーザーのように良い悪いの区別なしにすべてを平準化しようとする。そこには、当然のことながら失われた「良きもの」もあったはずである。また、縄文時代にはなかった階級制度や軍事的支配も導入され、人びとの生活は息苦しいものとなったに違いない。それと同時に、圧倒的に優勢な外来文化になびかず、じっと維持されてきた古い文化も大量に残されたはずである。

「倭人伝」に見られる高床式住居は、弥生文化の代表とされているが、これは北方系ではなく南方系である。それと同じものが南朝鮮にあったとしても、どちらも南の地方から平行的に受け入れたものに違いない。日本人になじみの深いフンドシが朝鮮から渡来したと説く人がいるであろうか？　これとても南方系であることは確実である。

民俗学が教えるところによると、日本文化には北方系・南方系以外にも、中国大陸の南部の照葉樹林帯（シイ・カシ・クスなどが生える地域）から伝わったものが数多く指摘されている。これらは縄文晩期に、サトイモ・アワ・ヒエなどの根菜・雑穀を栽培する技術とともに、焼畑農業文化として渡来したものとされている。さらに、これまた当然のことながら、縄文時代以来の文化の伝統は今日でも、東北地方などには残されていることも忘れるわけにはいかない。

こうした問題については、全アジア――少なくとも東アジア・太平洋地域の歴史的な文化形成を探るという視点で研究し、それぞれの文化がどういう道筋で影響し合い融合しながらできあがってきたものかを、冷静に見定めるべきものであると考える。

以上、見てきたように、古代日本――ヤマトの社会と文化の姿は、朝鮮半島のそれと深い関わりがあることがわかった。そして、『日本書紀』に記されている数多くの朝鮮関係の記事は、どこまで信頼できるものであろうか。以下、そういった問題について探っていくことにしたい。

第三章　古代東アジアの歴史

都市国家と青銅器文明

倭人のルーツや倭国の源流を明らかにしようと思えば、どうしても人類の文化発生と発展の道筋について概観し、とりわけアジア地域の歴史についての知識を整理しておく必要がある。

古代文明が最初に誕生したのは、ＢＣ五〇〇〇年ごろナイル川の流域で農耕と牧畜が始められたことによるとされている。ついで、ＢＣ四〇〇〇年ごろには中国の黄河の流域で彩陶をもった仰韶《ヤンシャオ》文化が生まれ、ＢＣ三〇〇〇年ごろにはメソポタミヤのチグリス・ユーフラテス川の流域にシュメールの都市文化が栄え、そしてＢＣ二五〇〇年ごろにはインドのインダス川の流域に同じくモヘンジョダロなどの初期文明が起こっている。そして、それらは青銅器を用いる農耕に支えられる都市国家を形成するようになっていく。

これがいわゆる古代の四大文明であるが、それ以外にも、あまり知られていないが、アジアではメコン川の中流のタイ北部にＢＣ四〇〇〇年ごろ、パンチェン文化が発生している。これは渦巻き型の流水文様の周囲に人間や牛・鹿・蛇・トカゲなどを描いた彩陶と黒陶をもっている。それは、中国文明の源流とも考えられ、その図柄は日本の銅鐸に影響を与えているのではないかという想像をかきたてるものがある。

中国では、『史記』によると、三皇・五帝という伝説上の王朝の時代の後に、夏王朝が天下を治め、ついで殷《いん》王朝が成立し、さらに周王朝の時代に移ったとされている。このうち夏の存在はまだ確認されていないが、殷王朝の都の跡の殷墟は、一九一〇年に河南省の安陽県で発見されている。そこでは宮殿や倉庫跡が発掘され、数多くの青銅器とともに五〇〇人以上の首を斬られた殉死者や犠牲者の遺体も出土しており、動物の骨に刻んだ甲骨文字も発見されている。

殷というのは、次代に付けられた呼び名で、殷自体の卜辞《ぼくじ》には「大邑商」とか「天邑商」と書かれているから国号は「商」であったことになる。ただし、その支配領域は黄河沿いに点（小都市）と線（道路）で結ばれ、相当広い範囲に及んでいたことは確かであるが正確にはわかっていない。

ＢＣ一一世紀のころ、殷にかわって（西）周が陝西省の西部から起こり、殷に従属していたが、殷の最後の王の紂王を討って武王が天下を統一したという。

日本の縄文時代は、ＢＣ一万年ごろに始まり、ＢＣ二五〇〇年以後が中期、ＢＣ一五〇〇年以後が後期、そして、ＢＣ一〇〇〇年から四〇〇年ごろまでは晩期とよばれている。

鉄器時代の民族抗争

ヨーロッパ人にオリエントとよばれたエジプトから西アジアのうちメソポタミアでは、ＢＣ二五〇〇年ごろ、シュメール人にかわってセム系のアッカド人が国家をつくり、BC一六五〇年ごろにはインド・ヨーロッパ語族のヒッタイトが初めて鉄器をもって登場し、バビロニアやアッシリアに脅威を与える。一方、世界の歴史の中で異色の存在であるユダヤ民族は、もともとヘブライ人とよばれたセム系の民族で、その一部はパレスチナからハム系の民族が住むエジプトに移住していたが、BC一三世紀末に、モーゼに率いられてエジプトから脱出し、パレスチナに国を建て、ダビデ王やソロモン王の時代に栄華を誇る。

しかし、やがてこの国は分裂し、北のイスラエルと南のユダの二国となったが、両国はアッシリアに攻められ、BC七二二年にはイスラエルは滅ぼされ、ユダは新バビロニアの捕囚とされてしまう。その後、パレスチナに還ることを許されたユダもBC五八六年にはバビロニアに完全に滅ぼされることになる。以後、イスラエルの一二部族の行方は世界史から消えてしまう。

ところが、古代ユダヤ人の信仰の対象は、ヤァウエ（エホバ）という唯一絶対の神であり、神官は白衣を着て拍手・低身の礼をし、塩を撒いて清めをし、神に新穀を捧げる。また、民衆は禊ぎをし神輿を担ぎ神木を供える。こうした習俗は日本の神道のそれとよく似ていることから、歴史から消えたイスラエル一二部族の一つが日本にやって来た、とする説は一七世紀末に日本に来たドイツ人のケンペル以来、多くの人が唱えている。古代ユダヤ人の子孫たちが、チグリス・ユーフラテスの河口から葦船に乗ってインド洋を海流を利用して渡り、南シナ海・東シナ海を通って日本に到達することは当時の技術水準で十分ありうることであり、また、北に向かいシルク・ロード伝いにアジア東部に達することも、あながち不可能とは言えないであろう。

ＢＣ八世紀になると、中国には犬戎《けんじゅう》が侵入して七七〇年には西周王朝は滅ぼされ、四八一年まで諸国分立の春秋時代となる。そして、西周の後継者は洛邑に都し東周の国家を建て、中央部には鄭・陳・衛などの諸国が競い、周辺には東に斉、北に晉、西に秦、南に楚が勢力を保持していた。そして、ＢＣ七世紀には斉の桓公が、ついで晉の文公が覇者として他国に号令したが、それに対抗して楚の荘王が中原を狙おうとする。

こうした時に、長江（揚子江）下流の東海岸一帯に呉と越が興る。この二国は中央の漢民族からは夷狄とみなされた海洋性民族で、互いに争いながら北進の機会をうかがったが、ＢＣ四七三年、「臥薪嘗胆」の末、越王勾践は呉王夫差を破って、その民を追放し、一時は天下に覇を唱えるが、やがて衰亡して三三四年、楚によって滅ぼされてしまう。

『魏略』という書物には、「倭人、自ら太伯の後と謂う」とあるが、太伯とは呉の始祖王のことであるから、越に破れた呉の民は海を渡って朝鮮南部から日本列島に流れ着き、倭人になったとする考え方がある。中国の史書では、倭人を海人として描く傾向があるし、多数の海洋性民族が居場所を追われたことが事実である以上、彼らが船に乗れば、日本列島か朝鮮半島に着くことになり、この説はかなり有力であると言わなくてはならないであろう。

春秋時代は青銅器から鉄器に移る過渡期に当たり、秦が鉄を武器として使用し始めたものと思われる。そして、ＢＣ四〇三年以後、二二一年に秦の始皇帝が全国を征定するまでを戦国時代という。秦は西の渭水のほとりにあり、黄河に面する中央部の洛陽には周が都し、その南には韓、北には魏と趙、東には宋や魯などの国が雄として誇っていた。その他、長江沿いには楚、遼東には燕、東南海岸には閩《びん》等の夷狄《いてき》の国があった。
また、戦国の七雄の中に韓国があり、それが秦に追われて朝鮮に入ったとも考えられる。このことにも注目すべきであろう。

騎馬民族の台頭

古代文明の担い手は農耕民族であったが、その外部にあってしばしば脅威となつたのは遊牧系の騎馬民族であった。彼らは精銅の轡を造ることを発明し、自由に馬を操ることに成功し、その機動力を利用して都市を襲い、少人数で多数を支配することができるようになった。

古代エジプトでは、中王国時代（BC二一～一七世紀）の末には、小アジア（現トルコ）から馬と戦車で武装したヒクソスが侵入し約一二〇年間エジプトを支配した。そして、その後、小アジアで勢力を張るようになったヒッタイト（ハッティ）は、騎馬を駆り鉄の武器を揮ってBC一五～一三世紀にかけて、エジプト・バビロニアに君臨した。

BC八世紀になると、カスピ海の北にいたスキタイは、イランからカフカズ方面で勢力を張り一時は黒海北岸に国家を作っていた。彼らは、敵を倒すとその血をすすり、頭の皮をはいで布にし、敵将の髑髏を杯にしたという。そして打ちとった敵の首を王のもとに届け、掠奪品の配分を受けた。その点、日本の戦国時代の武将とよく似ている。

しかし、スキタイは掠奪戦争だけをことしていたわけではなく、黒海北岸のギリシアの植民都市を保護し友好的な貿易関係を結んでいる。彼らは金をこよなく愛し黄金細工に優れていた。ギリシアのヘロドトスによれば、スキタイでは部族の統一が成ると各戸から銅鏃を出させ、人口を把握するとともに、それで大きなケットル（湯沸かし）を作っていた。彼らの世界では、黄金のケットルは王権のシンボルであり、ケットルは部族の行動に不可欠な道具でもあった。

そして、馬を操る関係上、装飾品も乗馬に便利なものが多く、例えば、衣服の乱れを防ぐために腰には精銅製の帯鉤を着け、それに動物を象った飾り板を付けていた。この飾り板は、スキタイだけでなく、西はハンガリーから東は匈奴《きょうど》や鮮卑《せんび》などの騎馬民族にも愛用されている。

スキタイの王族の墳墓では、王の遺体は木槨《もっかく》（棺の外側の囲い）に入れられ、王の身を飾っていた豪華な黄金製の頸飾・腕輪などが鉄剣などの武器とともに大量に副葬されている。

前に見たように、南伽耶の玉田古墳の木槨墓や大成洞古墳から出土した馬具などは、明らかに騎馬民族系のものである。ウクライナからアジア東部への道のりは、いかにも遠く思えるが、アルタイ山を越えることは比較的容易であり、ステップ地帯を走り抜けるには一夏あれば十分であることを思えば、騎馬民族が朝鮮南部の農耕民を征服し、日本列島の王者となったとする仮設を否定する根拠は、見いだしにくい。また、イスラエル王国を滅ぼしたアッシリアはスキタイによって征服されているから、古代ユダヤ文化が北方騎馬民族によって継承されて、東アジアに伝えられた可能性もまた捨てがたいものがある。

騎馬民族がアジアの歴史に登場するのは、BC四世紀つまり秦の始皇帝の中国統一に入る少し前の時期で、北のモンゴル地方に起こり、冒頓単于《ぼくとつぜんう》に率いられた匈奴が最初となっている。その人種系統は明らかではないが、東は満州、西は南シベリヤに至る一大帝国を建設し、秦・漢代の二帝国にとっては常に脅威となる頑強な敵国となった。万里の長城がそのことを象徴している。遊牧騎馬民族は、夏は高原を移動して暮らし、秋の収穫時になると農耕民族の住む土地に風のように襲来して掠奪をして行く、手に負えない存在であった。当初、匈奴の人口は三〇万、兵力は六万騎と言われたが、匈奴系の騎馬民族全体ではその五倍くらいの勢力であったらしい。

匈奴は、ＡＤ一世紀中ごろ東西に分裂し、かわって鮮卑と烏桓《うがん》とが登場する。この二部族はかつて匈奴に征服されていた、東胡と呼ばれた騎馬民族の後裔が復活したものといわれ、鮮卑はトルコ系に近く、烏桓はツングース系と思われる。二世紀半ばに鮮卑の檀石槐《だんせっかい》はモンゴル一帯を征服し、旧匈奴の領域をほぼ掌握した。『後漢書』によると、彼は一七八年に、広大な烏侯秦水という川を見た時、魚はいるがそれを捕らえる人がいなかったので、「東して倭人国を撃ち、千余家をえて秦水のほとりに移住させ、魚を取らせて糧食を助けた」とある。ただ、この「倭人」が日本列島のものかどうかは不明である。しかし、彼の死後、鮮卑は分裂し三世紀半ばには漢民族に支配され、拓跋《たくばつ》氏が北魏を建国する。それは牧畜と狩猟の生活が中国風の農耕文化に触れて軟弱化したからとも考えられる。また、四世紀以後のモンゴル一帯には匈奴にかわって、騎馬民族の柔然が国を建てたが、六世紀半ばにはその支配下からトルコ系の突厥が起こり、七世紀にかけて大勢力となっていく。

これらの騎馬民族の最大の特徴は天神を信じ、シャーマンが権威をもち、男系相続制度だが、氏族の長老たちの会議の推戴者が王となり、部族全体が軍事組織化されている点にある。しかし、后妃も強い発言権をもち、支配した敵の文化や慣習も採り入れる幅の広さをもっていた。

中華帝国と東西交通

中国には、中華思想といって漢民族は世界で最も優越するものであり、周辺の諸民族は「東夷・南蛮・西戎・北狄」という言葉が雄弁に物語っているように漢民族よりも文化的に劣るとする考え方がある。しかし実際には、秦・漢帝国は匈奴に悩まされつづけたし、五胡一六国の時代だけではなく、元帝国も清帝国も北方のモンゴルやツングース民族の皇帝が君臨するものであった。

また、唐帝国で政治の黒幕的勢力となり、反乱を起こし権力奪取に成功しそうになった安禄山はペルシア系の異民族であった。そして、西域すなわち西アジア方面から伝えられてくる文物と情報は、常に中国の活性化の要素となってきている。では、中国本部と西アジアさらにヨーロッパ・中近東との間の交通は、何時ごろ、どのようにして始まったのであろうか？

その本当のところはわかってない。しかし、ヘロドトスの記事によると、紀元前六～七世紀にギリシアのアリステアスが中央アジアを経て天山山脈とアルタイ山脈の間のジュンガル盆地まで行っているから、それ以前にスキタイなどの騎馬民族が黒海沿岸のステップ地帯からモンゴルを経て満州・沿海州方面と交通していたはずである。と言うより、石器や銅器の分布を見ても、東欧や北西アジアと北東アジアには共通するものがあり、文化の伝播は人間の交通なしにはありえないから、意外と古い時代に東西交通路は開けていたはずである。

中国人が西アジアに行った最初の例はずっと後代のことで、前漢の武帝が派遣した張騫《ちょうけん》が最初になっている。そのコースの往路は、長安からオルドス・ゴビの砂漠地帯の南端を通り、敦煌《とんこう》・玉門関を経て今日の新疆省に入り、タリム盆地の北側の天山山脈の南の縁沿いに西に進み、亀茲《くちゃ》を経て、今

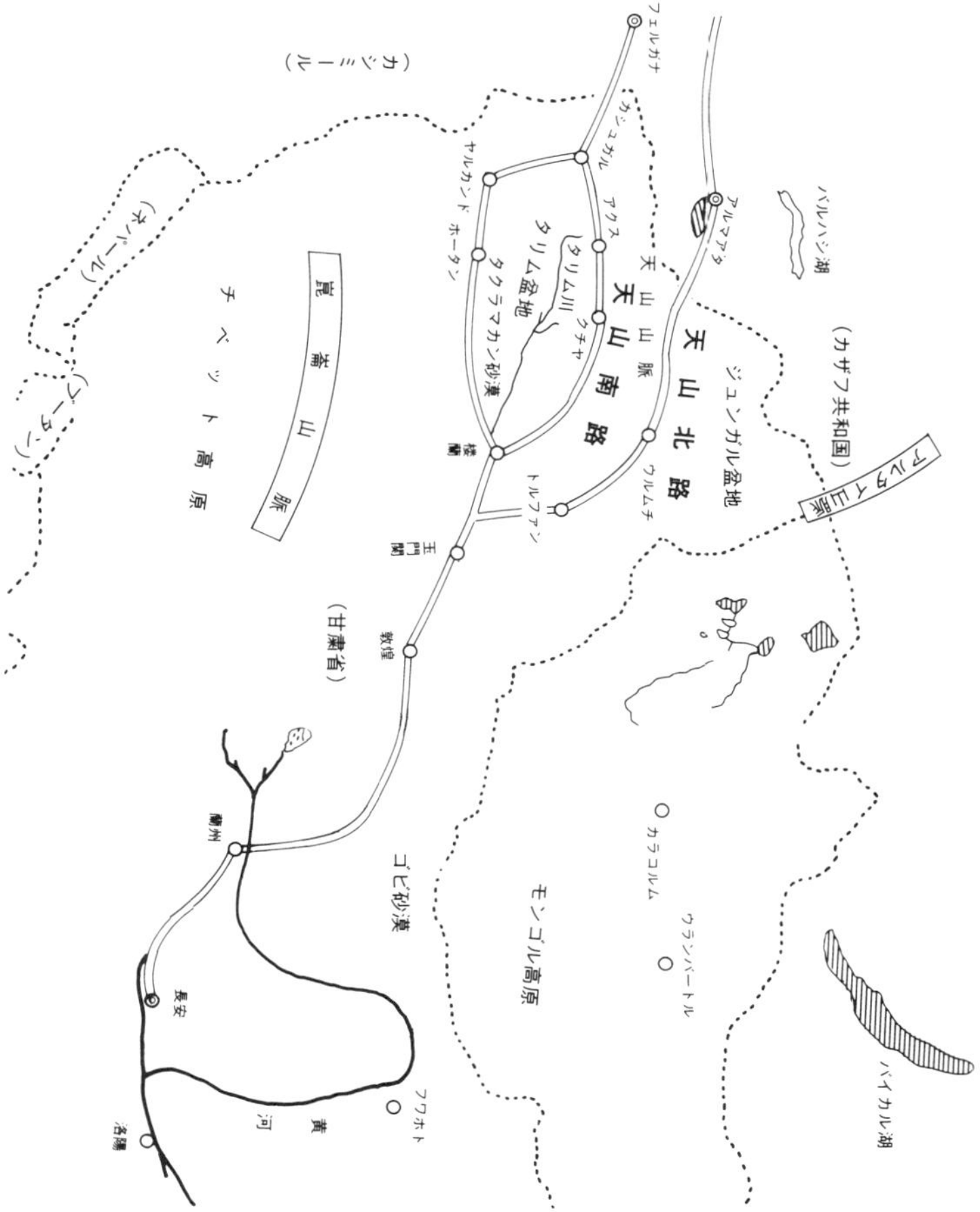
フェルガナ
カシミール
カシュガル
ヤルカンド
ホータン
アクス
クチャ
タリム盆地
タリム川
タクラマカン砂漠
天山山脈
天山南路
天山北路
ジュンガル盆地
ウルムチ
トルファン
楼蘭
玉門関
敦煌
甘粛省
崑崙山脈
チベット高原
ネパール
ブータン
バルハシ湖
アルマアタ
カザフ共和国
モンゴル高原
ゴビ砂漠
カラコルム
ウランバートル
バイカル湖
蘭州
長安
洛陽
黄河
フフホト

東西交通路

日のキルギスタン共和国のフェルガナにあった貴山城に至るものであった。

これは天山南路と言い、敦煌《とんこう》から天山山脈の北側、つまりズンガリヤ盆地の南端を歩いてカザフスタンのバルハシ湖のほとりにでる天山北路が別にあった。もし、フェルガナからさらに西に行くとすれば、そこはタシケントで中央アジアの十字路に相当し、北西にはキルギスタンのステップ（短草）地帯を経てウラル山脈の東に通じ、西に行けばウズベキスタンのサマルカンドを経てカスピ海方面に至り、さらには地中海に達しヨーロッパに通じることになる。そして、タシケントから南に進むならばパミル高原からヒンズークシ山脈を越え、アフガニスタンに行くことができる。

張騫の復路は天山南路で、カシュガル（疏勒）からタリム盆地のタクラマカン砂漠の南縁に沿って崑崙《クンルン》山脈を南に見ながら東進するもので、ホータン（于闐）を経てロブ湖の近くを通って楼蘭《ローラン》から祁連山に沿いながら戻って来る道であった。もし、途中の于闐から南に分かれる道を選べば、ヒンズークシ山脈を越えて西インド、すなわち今日のパキスタンにでることができる。唐時代の僧玄奘や義浄らはこの道を歩いている。また、崑崙《クンルン》山脈を越えればチベットに達する。

こうした東西の交通路は中国人が西域交通路として利用するはるか以前に、北アジア・西アジアの人たちが切り開いていたものと思われる。中国人が胡人とよんでいたスキタイ・匈奴などの北方系の騎馬民族だけでなく、紀元前八世紀にアッシリヤがオリエントを統一した時に滅んだユダヤの部族や、BC五世紀のダリウスによるペルシャ帝国の設立とかBC四世紀のアレクサンドロスの東方経略などの度に、祖国を追われた西アジアの民があるいは駱駝に乗り、家畜を連れて中央アジアをさ迷い、東へ進み中国までたどり着いたことがなかったとは思えない。

焚書・坑儒という思い切った政策を断行した秦の始皇帝は、どこか中国人離れのところがあるが、もしかすると、祖国を追われ何世紀かさ迷っていたユダヤ人の子孫かもしれない。また、時代は五世紀と下がるが、ニケイア宗教会議で破門されたネストリウス派のキリスト教が景教として中国に伝えられているのは、ササン朝ペルシャ（二二六〜六四二）のゾロアスター教に圧迫されたこの宗派の信者が七世紀になって唐に来たものである。

こういうふうに、東西交通は、史書に記録されているものだけではなく、想像以上に古くから、しかも、断続的に広い範囲にわたってつづけられていたと思うべきであろう。だから、二世紀ごろから後漢帝国と東ローマ帝国との間の絹の貿易路としていわゆるシルク・ロードが恒常的な東西交通路となる以前から、人と物の交流が盛んにあったとしなくてはならない。歴史時代に入る前に東アジアの人びとが西アジアの文化を受け入れていたとしても、それが記録にないという理由だけから否定することは許されない。

徐福の渡来と夫余国

ＢＣ二二一年、中国を征服した始皇帝は、五度にわたって全国を巡行し、東方海上にあるといわれていた蓬萊《ほうらい》・方丈・瀛州《えいしゅう》という神仙が住むという伝説上の島に注目し、そこに伝わる不老長寿の霊薬を手に入れようと憧れた。そのことを利用し、徐福《じょふく》という男は始皇帝を欺き、三、〇〇〇の童男女を乗せた船を仕立てさせ東の海に向けて出発したまま帰らなかったという。一九八四年、山東半島の付け根に位置する江蘇省の連雲港市近郊に「徐福の生地」が発見されたというので、九〇年には盛大に「徐福東渡二千二百年記念」の祭りが行なわれている。日本には、紀伊の熊野をはじめ、肥前（佐賀県）や丹後（京都府）などに徐福の渡来伝説地が二〇カ所もあり、薬草を採取した山とか墓さえも残されているという。

とりわけ佐賀県金立町の金立神社には徐福が祀られており、有明海には中国原産の魚も多く、他の地の船は左舷に櫓があるのに有明海の船の櫓は中国式で右舷にある。また、ここは吉野ケ里のすぐ近くであるが、そこの墳丘の盛り土は中国系の版築法ではなく、江南の方式であるし、そこから出土した甕棺は徐福が伝えたと考えられる道教の不老不死の思想によっていると考えられるなど、この地方に徐福が上陸した可能性は高いという。

『史記』が伝えるこの話は、単なる説話ではなく史実であるとすべきであろう。その最大の理由は、「気がする」・「気になる」というふうに日本語で頻用されている「気」という言葉は明らかに中国語であり、しかも、それは道教の根本原理を表わす観念である。このような高遠な哲理につながる言葉を日本人が日常的に駆使していることは、道教思想が弥生初期に日本列島にもたらされ、深く民衆の心に根づいたことを意味している、としか説明がつかないからである。

そうなると、弥生文化は朝鮮半島からだけではなく、その一部は直接に中国からもたらされたのであるとすべきことになるであろう。

さて、三世紀の後半、陳寿が著わした『魏志』の末尾の第三〇巻は「烏丸・鮮卑・東夷伝」となっており、「東夷」として、夫余《ふよ》・高句麗・東沃沮《よくそ》・挹婁《ゆうろう》・濊《わい》・韓・倭人の項が挙げられている。高句麗以下については、後に紹介するが、ここでは夫余について述べておくことにする。

『魏志』によると、夫余は「長城の北、玄菟《げんと》を去ること千里に在り、南は高句麗と、東は挹婁と、西は鮮卑と接す」とされている。玄菟というのは、BC一〇八年に前漢の武帝が楽浪・真番・臨屯とともに設置したという「朝鮮四郡」の一つである。漢帝国の直轄領のことで、三世紀ごろには今日の中国の東北地方の撫順に根拠地があったとされている。したがって、夫余国の領域は朝鮮半島の北西に当たるいわゆる満州地方ということになる。

この国の「風土は平坦で五穀には適しているが五果は生じない」とし、「人は粗暴で強勇だが慎み深く他国を侵略するようなことはない」としている。そして、官制として、「国は君主あり、みな六畜をもって官に名づく。馬加・牛加・豬加・狗加・大使あり」という記述がなされている。

この「加」について、元航海士だった川崎真治氏は、これを部族のトーテムだと解し、馬加は北方騎馬民族、牛加はオリエント族、豬加は鳥トーテムの漢民族、そして狗加はインド・ゲルマン系の民族のことで、ユーラシヤ大陸の四大民族が満州の地に集まって連合国家を作っていたという卓抜な構想に基づく仮設を立て、夫余以外の民族にまでそのトーテム理論を及ぼし壮大な歴史体系を多くの著書によって展開している。この説を批判したり否定しようとする学者はおらず、その真否は論ずることはできないが、きわめて示唆に富むものといえると思う。なお、川崎氏は、部族のトーテムにはこの他に「南方」とよばれる海人系の竜もしくは蛇族があるという。

確かに、人類が牛を生産に利用し始めたのは紀元前数千年のことで、牛の飼育の文化はメソポタミヤからインド北部を経て中国・満州・朝鮮へと伝播しているし、犬を家畜とする民族は鉄器生産と関係があり、中央アジアから東西に広がっていったことは推定されるから、川崎氏の説にはかなりの説得力があると思う。

『魏志』によると、夫余国は漢の玄菟郡に属していたが、夫余王の尉仇台は、漢末に遼東の支配者となった公孫度（一八九〜二〇四）に属したとし、高句麗と鮮卑との緩衝勢力となっていたように記している。そして、その社会は匈奴に似ており、兄が死ぬと兄嫁は弟の妻となる男系社会であるという。そして、家ごとに弓矢や甲冑を備える軍団国家を作っており、刑罰は厳しく、下戸（家の隷属民）は運搬係として従軍するという。

その他、夫余の風習としては、天を祀る祭日には、酒を飲み踊る。これを「迎鼓」とよぶ。衣服の色は白を好み、身分の高い者は金銀の飾りが付いた帽子をかぶり、毛皮を羽織る。死者の埋葬法には槨はあるが棺は無い。貴族が死ぬと一〇〇人もの殉死者を葬る——などがある。

このように、夫余では牧畜は行なわれていないが、スキタイ以来の北方騎馬民族の遺風が色濃く受けつがれていることは確かである。これは漢民族の中国人社会とは異なるもので、「蛮夷」の民として描かれている。後に見るように、この伝統は朝鮮の高句麗・百済の王朝に継承され、伽耶国を経てヤマト王朝にまで伝来していることがわかってくる。

欧亜世界の展開

日本列島が縄文晩期にあった中国の春秋・戦国時代には儒家・道家・法家・名家・兵家などの諸子百家の思想が咲き乱れていたが、ちょうど同じころインドではウパニシャド哲学が生まれ、バラモン教が行なわれており、やがてその階層性の克服を説く仏教やジャイナ教が広まっていった。そして、ギリシアや小アジア（トルコ半島）においても、アテネ・スパルタ・テーベなどの都市国家においてもターレス、ピタゴラス、デモクリトスらの多くの自然哲学者やソクラテス、プラトン、アリストテレスらが人間についての思索を深め、西洋文明とりわけ科学的精神の源流ともなる学問や理論を産みだした。それとともに、建築・美術などの面においても優れた作品を創造している。

このギリシア文化は、中国の秦の時代の少し前のBC四世紀にはマケドニアのアレキサンドロスの東方征服によって、エジプトを経て遠くインドにまで伝えられた。この文化は、ヘレニズム文化とよばれているが、さらに中国や日本にまでも影響を及ぼしている。飛鳥時代の寺院の柱に見られる中太の様式――エンタシスはそれである。

また、ギリシア文化はイタリア半島に生まれたラテン人に受けつがれ、彼らの都市国家ローマは、BC二世紀以来、地中海沿岸を勢力圏下に置き、BC一世紀にはカエザル（シーザー）のガリヤ（現フランスやドイツ）遠征を経て、BC二七年にはアウグストゥスによって帝政が始められ、以後、数百年間にわたってヨーロッパから西アジアをおおう大帝国が成立した。

この間、AD四四年には、ローマ帝国の支配下にあったパレスチナにおいて、ユダヤ教の改革を説いたイエスの教えは、抑圧されていたローマ市民の一部に迎え入れられ、キリスト教が成立した。しかし、最初のうちはキリスト教徒は迫害を受けていたが、三一三年、コンスタンティヌス大帝はミラノ勅令をだしてキリスト教を公認し、三九二年には皇帝テオドシウスによって国教として保護されるようになった。

ところが、その直後の三九五年には、ローマ帝国は東西に分裂することになり、そのころ北方騎馬民族の活動にうながされて始まった民族の大移動によりゲルマン民族の圧迫を受けるようになる。そして、西ローマ帝国は四七六年には滅亡してしまう。一方、ビザンツ（現トルコのイスタンブール）に建てられた東ローマ帝国は、ローマのカトリック教会とは別に、ギリシア・オーソドックス（正教）教会を建てて対抗した。中国では、この国を大秦国とよんでいる。

ビザンツ帝国は六世紀ごろからスラブ民族の膨張に悩まされ、次第に皇帝専制政治を採用することになり、官僚制を整備するとともに、華麗で形式美を重んずる芸術を栄えさせた。

一方、ペルシア（イラン）においては、ギリシア系のセレウコス朝がBC四世紀ごろ支配していたが、BC三世紀には、カスピ海の南東にいたイラン系民族が独立してパルチア王国を建設した。中国では、この国のことを安息国とよんでいる。そして、その勢力はメソポタミアに及び、BC一世紀には、セレウコス朝を滅ぼしたローマ帝国と接触することになる。

しかし、AD二二六年、パルチアはイラン人国家のササン朝に滅ぼされ、ローマ帝国と激しく対立することになる。ササン朝の社会では、人びとは陽神アフラ・マツダと陰神アーリマンの対立・抗争によってこの世は成り立っているという世界観をもち、陽神の保護を求めるために火を拝む儀礼をもつ宗教――ゾロアスター教が国教として信仰されていた。この宗教は中国にも伝えられ祆《けん》教とよんでいる。日本では、七世紀に斉明天皇がゾロアスター教を採り入れていたと推理作家の松本清張は小説『火の回路』（後に『火の路』と改題）で唱えている。

また、四世紀のキリスト教の世界では、父なる神・子なるキリスト・精霊の三位一体を唱えるアタナシウス派が正統とされ、ネストリウス派という異端派はササン朝のイランに入り、遠く中国に伝えられ景教とよばれた。イランには、このほかに、ゾロアスター教・キリスト教・仏教が混淆したマニ教という宗教も生まれている。

インドに生まれた仏教は、ガンジス河の中流に建てられたマウリア王朝（BC三一七～一八〇年ごろ）のアショカ王によって広められ、AD一世紀には大月氏国から独立したイラン系のクシャーナ朝のカニシカ王によって保護され隣接諸国へも布教されていく。インド北西部のペシャワールのガンダーラは、当時の仏教の根拠地で、そこから中国・朝鮮・日本などに伝えられた大乗仏教（北伝仏教）に対して、セイロン（現スリランカ）・ビルマ・タイ方面に伝えられた上座部のことを小乗仏教（南伝仏教）とよんでいる。

もう一つ、七世紀のアラビアに生まれたイスラム教を見逃すわけにいかない。シルク・ロード――東西交通の南西の要衝ともいうべきメッカの町で、ムハマッド（モハメッド）は、自らを唯一絶対の神アッラーの預言者であると称して偶像崇拝を厳しく排するイスラム教を開き、アラビア半島を中心とする一大教団国家を建設した。そして、彼の後継者はカリフとよばれ、イスラム教を東西に広めるために活動を始め、七世紀半ばにはササン朝を滅ぼし、シリヤとエジプトをビザンツ帝国から奪った。やがて、その正統派のウマイア朝の系統はスンニー派とよばれ、教父を擁する別派はシーア派とよばれるようになる。

こうして、イスラム教は七世紀から一〇世紀にかけて大いに勢力を伸ばし、北アフリカからアラビア・メソポタミア・イランから中央アジアを含める広大な地域に広がった。こうして成立したイスラム大帝国のことを、キリスト教徒たちはサラセン帝国とよび、中国人は大食《タージ》とよんでいる。

中華帝国と近隣諸国

自らを常に世界の中心と考える中華思想の持ち主である中国人にとって、周辺の諸国はすべて文化的劣等者と考えられ、「東夷・南蛮・西戎《せいじゅう》・北狄《ほくてき》」として見下していた。それでも、戦国の七雄の時代には、最も西にあった秦はさらに西の中央アジアにいたスキタイ系の「西戎」であった月氏との対抗に忙しかった。最も敵対関係にあったのは、モンゴリアの東におり、後に烏桓（丸）・鮮卑・夫余とよばれるようになる東胡で、しばしば遼東の燕や趙の国土を侵してきた。BC二三〇年には秦は隣国の韓国を滅ぼしてその民を逐うと、次つぎと六雄を倒し全国を平定した。そして、当時ようやく台頭してきた匈奴を攻め、オルドスの地に進出するとともにと「東胡」の侵入を防ぐために「万里の長城」を築き備えを固めた。

前漢が秦を滅ぼし天下を取った当時は、秦の時代と大勢は変わらなかったが、二世紀後半には匈奴の冒頓単于が東胡を討ってモンゴルを統一した。これに対抗して、漢の武帝は月氏と結んで匈奴を挟み打ちにしようとし、張騫を西域に派遣したが月氏には匈奴を討つ気はなく失敗した。しかし東西交通の道は開け、汗血馬といわれる名馬などが漢土にもたらされた。

武帝は、さらに「南蛮」に支配の手を伸ばし、安南《ベトナム》にまで進出するとともに、東北方面にも遠征し、遠く朝鮮の東海岸にまで軍を送り、元山《ウォンサン》・咸興《ハムフン》のあたりには臨屯郡を置き直轄領とした他、平壌《ピョンヤン》には楽浪郡、満州の輯（集）安（後に撫順）には玄菟郡、京城《ソウル》には真蕃《チンポン》郡を置いて中華大帝国の建設を達成した。これによって、現在の中国の東北地方の南半分から半島にかけてBC一九〇年に建国されていた衛氏朝鮮《ウイジチョソン》は滅ぼされ、半島の南部分を残し漢の支配下に入った。

そして、前漢帝国はシルク・ロードを通じて東ローマ帝国との交渉が始まり、イラン系のパルチア人やエジプト人の手で西方の文物が大量に中国にもたらされるようになった。しかし、あいつぐ外征による財政危機によって国内にも不満が高まり、BC八年には王莽《おうもう》による簒奪政権が生まれ三十余年つづく。

中国の正史である『漢書』には、「それ楽浪海中に倭人あり、分かれて百余国となる。歳時をもって来り、献見すという」と記されている。このことは、BC一、二世紀のころ、日本列島には後の世の郡程度の規模のものと思われるが、すでに権力によって支配される小国家群が成立していたことを意味している。そして、その小国が洛陽に置かれた漢帝国に朝貢していたというのであるから、朝鮮半島に置かれた漢の役所である真蕃郡か平壌にあった楽浪郡のどちらかがそれを仲介したことであろう。

前漢王朝は度重なる外征と劉王家の帝室の豪華な生活で財政困難に陥った上、宦官の横行などによって衰微し、AD八年、王莽によって一時帝位を奪われたが、二五年、後漢の光武帝によって漢王朝は復活した。光武帝は、「北狄」と直面することになる。南北に分裂した匈奴のうちの北匈奴によって圧迫されていた西域諸国を援助しようとせず、漢に降伏してきた南匈奴を勢力圏に取り込むことにのみ関心を示していた。そして、後漢は北匈奴を征服し、将軍の班固を派遣して「西戎」の諸国を取りこみ、大月氏(クシャナ王朝)を服属させ、東ローマ帝国と領域を接するに至った。

後漢時代の「東夷」の世界では、次章で見るようにツングース系にモンゴル系の血がまじった濊《イェ》・貊《メク》族が中国の東北部から沿海州方面で民族的に統合する勢いを示し、その中から挹婁が沿海州に、前に述べた夫余が満州中部に、高句麗が鴨緑江の中流に、濊が朝鮮半島の東海岸沿いに建国した。

日本列島については、楽浪郡は紀元前後四〇〇年間栄えたが、『後漢書』には、AD五七年に「建武中元二年、倭の奴国奉貢朝賀す。使人自ら大夫と称す。倭国の極南界なり。光武賜うに印綬をもってす。安帝の永初元（一〇七）年、倭国王帥升等、生口百六十人を献じ請見を願う」という記事がある。この倭奴国とは、『魏志・倭人伝』にでてくる「伊都国」のことも「倭の奴国」のことともいわれ、授けられた印綬というのは一九世紀に志賀島で農民によって発見された「漢委奴国王」と刻まれた金印のことではないかと言われている。

前漢から後漢に至る時代は、日本列島で弥生式の土器が普及した時期に相当し、その当時、倭の国王が中国の皇帝に対して朝貢していることは、古代の日本列島の文化がすでに国際的なものとなっていたことを意味している。倭からの献上物が生口すなわち奴隷だったことも注目すべきであろう。

農民の動乱と三国時代

後漢王朝では王家の外戚と宦官《かんがん》が裏で中央政治を操り、各地では豪族が小農民を債務奴隷化するなどの弊風がはびこり、それに対抗して太平道や五斗米道という新興宗教がはやった。これらの宗教は鬼道すなわち呪術を行ない、民衆の悩みに応えるものだったが、その思想的な背景は老子らの道家の教えにつながるもので、信者たちは鬼卒とよばれていた。

そうした中で、一五六年にモンゴルでは鮮卑の檀石槐が全土をほぼ平定したが、一八一年に彼が死ぬと、再びその地は混乱に陥っていった。また、満州の南で渤海に面する遼東の地では、公孫氏が力を伸ばし、公孫度（一八九～二〇四）は楽浪郡の南半分ほどを支配下に置き、彼が死ぬと子の康（二〇四～二二一）は、現在のソウル付近に帯方郡を建て、満州南部から朝鮮半島の西海岸寄りの一帯は公孫氏が支配するところとなり、漢帝国から独立地域化してしまった。

ちょうどそのころ、後漢では桓帝と霊帝の間に当たるが、「桓・霊の間、（一四七～一八九）倭国では大乱があった」という記事が『魏志』や『後漢書』に伝えられている。

洛陽では、朝廷で勢威を揮う宦官《かんがん》に対して抵抗する知識人たちが監禁されるという「党錮事件」が一六六年と一六九年に起こるなど末期的症状を示していた。そして、一八四年になると、太平道の指導者の張角は農民を率いて決起した。彼らは黄色い布を着けて目印としたので、この反乱のことを「黄巾の乱」とよんでいる。

このような反乱の鎮定に当たるべき将軍たちの中には都を占領しようとするものもあれば、地方軍閥化して人民を私物化する者も現われ、天下は群雄割拠の状況になり、後漢帝国は事実上解体し、全土は混乱をきわめ三〇年を越える動乱の時代となっていった。

こうした中で真っ先に天下統一に乗りだしたのは安徽省に発した曹操だった。彼は、自分が集めた兵士と降伏した黄巾の徒の力で反逆者を打ち破り、黄河の中流域から河北にかけて勢力を張り、漢の献帝をロボットとして擁し、その丞相の地位に坐りながら「魏王」を称した。

これに対して、長江（揚子江）の河口近くの、かつては呉国のあった地方からは孫権が現われて曹操に対抗する姿勢を示した。そこで、両者は決戦をすることになる。その時にあたり、漢王朝と同姓の劉備は孫権の力を利用して共同して曹操を討つことになり、長江の中流の赤壁で両勢力は対戦し、孫権・劉備の連合軍が勝利した。

その後、曹操が死ぬと、子の曹丕は二二〇年、漢の皇帝位を譲り受け、「魏国皇帝」を称することとなった。しかし、魏の勢力範囲は都の洛陽の周辺と長安より西の黄河の流域が中心で東は山東半島に至る地域で、支配できたのは長江の北側にかぎられていた。洛陽のすぐ北西には匈奴が迫り、その北には鮮卑の国があり、不安定な状況にあった。

そして、長江の南側は孫氏の建てた「呉」が天下の統治者として君臨し、建業（南京）を首都とし、「魏」を寄せつけなかった。また、孫権と協力して曹操と戦った劉備は、長江の上流の四川の地の成都に国都を定め、「蜀」を号し、諸葛亮孔明の補佐を得て魏の攻撃を退けた。

このようにして、二二〇年から二八〇年までの六〇年間は、魏・呉・蜀が鼎立していたので、「三国時代」とよばれている。

ところで、遼東の雄だった公孫度の子の康が死んで、孫の恭（二二一〜二二八）と淵（二二八〜二三八）があとをついだ。二三二年、呉の孫権は、華南にあって馬を入手しようと考えたのであろうか、公孫淵に「燕王」の称号を与え支援を求めて使者を送ったが、魏の妨害や公孫氏内部の事情もあり、呉・公孫の同盟は成立しなかった。やがて、諸葛亮孔明が死に蜀の脅威が去ったので、魏は二三八年、公孫氏を征服しようとし、後に（二六五）晋の武帝となる武将の司馬懿《しばい》の率いる大軍を派遣して遼東を攻め、ついに帯方郡を支配下に置き、公孫氏を滅ぼしてしまう。

倭の卑弥呼が魏に使いを派遣したのは、二三九年と二四三年のことであるから、公孫氏が滅んだ直後のことである。遣使の動機の一つとして、狗奴国との対抗関係があったとすると、国際関係の図式上からは、狗奴国はあるいは魏の宿敵の呉と結んでいたことも考えられる。

魏晋・南北朝時代

『魏志』によると、二世紀の後半、「倭国大いに乱れ、更々攻伐し、歴年主無し。すなわち一女子を共立して王となす」というふうに卑弥呼のことを伝え、狗奴国との抗戦に対しては、塞曹掾史の張政を派遣し、黄幢《おうどう》（軍旗）を与え、檄を作って応援している。二四七年に卑弥呼が死ぬと、宗女の台与があとをつぎ、二六五年に西晋に使を送っているが以後、交渉は切れる。倭国の歴史では「謎の四世紀」と言い、その時代の倭国のことは中国の史書に何一つ記されていない。それはある意味では当然のことと言える。というのは、四世紀の中国は「五胡一六国の時代」と言われ、旧匈奴系の北方民族が続ぞくと侵入し、漢民族の統一国家が消滅した激動の時代だったからである。また、朝鮮半島でも、後に見るように、馬韓《マハン》・辰韓《ジナン》・弁韓《ピョナン》の三韓国では小国家どうしの抗争が激しく、その中から百済が馬韓五二国を統一し、辰韓一二国の中では斯盧《サロ》国が新羅として全体をまとめあげていく過程の混乱の時代であったからである。このへんのことと、それ以後の朝鮮については次章以下で詳しく扱う。

さて、公孫氏を討った司馬懿の子の炎は、二六五年、魏の王室から権力を奪って国号を「晋」と名づけ洛陽を都とした。そして、炎（武帝）は二八〇年には宿敵の呉を討ち滅ぼし、ほぼ三国を征服して天下の統一を実現する。そして、二八九年には、「東夷、遠絶の三十余国、晋に来貢し、服す」ことになったが、三一六年には漢の劉聡によって滅ぼされてしまう。

それにかわって、三一八年には晋の王族の司馬睿（元帝）が南東に移り、呉の都であった建業に拠って、新たに東晋という国を建てた。以後、四二〇年までの一〇三年間この国はつづき、華北の五胡一六国と対立しながら国を維持していく。これが南朝の始まりとなる。

一方、華北においては、騎馬民族系の五胡の侵入がつづき、一六の国が次つぎと建てられては潰される。五胡とは、匈奴・羯《かつ》・鮮卑というモンゴル・トルコ系と、氐《てい》・羌《きょう》というチベット系の民族のことをいう。一六の国のうち、匈奴系は、前趙（漢）・北涼・夏という国名をとり、羯系の国としては後趙が、鮮卑系には西晋・前燕・後燕・南燕・南涼があり、羌には前秦・後涼・後秦という国が建てられた。その他、北燕・前涼・西涼は胡族ではなく漢民族のものであった。

「南北朝」の対立の時代という時には、南朝というのは、四二〇年までつづいた東晋と、それの後継者である宋（四三〇〜四七〇）、斉（四七〇〜五〇二）、梁（五〇二〜五五七）、陳（五五七〜五八九）のいわゆる「六朝」（この場合、前身の呉を含む）のことをさし、北朝というのは、三九四年に建国され、四三九年に領土を拡げた北魏（〜五三五）とその後継者の西魏・北周と東魏・北斉のことをさしている。

この時代の中国では、北においては「胡」とよばれた北方系の、中華にとっては粗野とされる文化が行なわれていたが、鮮卑系の拓跋氏が建てた北魏では均田制など法制の改革が行なわれたし、仏教や道教が国家権力を背景として普及し、雲崗・龍門の石窟に代表されるような優れた仏教美術が花開いていている。それに対して、南では「六朝文化」として陶淵明をはじめ優れた詩文が現われ、形式美の整った中国の文芸が開花した時期になっている。

このように、四世紀の後半以後約五〇〇年は、前節で見た世界史的な大変動期に当たり、ヨーロッパでは民族の大移動が始まり、ローマ帝国は東西に分裂し、西欧にはフランクやランゴバルト王国が生まれている。また、イランでは、三世紀に成立したササン朝ペルシャが四〇〇年間も勢威をふるっており、東ローマ帝国と対抗していたが、七世紀の半ばに誕生したアラビア人によるイスラム教のサラセン帝国に呑み込まれてしまうことになる。

そして、この時代こそ朝鮮半島において三韓の国家の統一が進み、北には高句麗が勢力を強めて百済・新羅の二国もまた周辺諸国をまとめて強大化する一方、弁韓では伽耶諸国が緩い連合体として存在していた時期に相当している。また、倭国でも、いわゆる「五王」が南朝の宋・斉・梁に使者を送り国交を開いた時期であるとともに、初期ヤマト王朝による国土の平定事業が進展した時代に相当している。したがって、日本古代史を理解するには、このような世界史的背景に目を向け、東アジアの歴史の動きの中で考えることがなによりも大切である。

隋・唐時代

本書で扱う「日本古代史」の対象とする時代は、ほぼ三国そして魏晋・南北朝の時代であるが、この時代は中国史では民族と文化の分裂と複合が目まぐるしく進んだ時代であった。そこで、ついでに、それ以後の歴史も概観しておこう。

五八一年、北周王朝の外戚だった楊堅が王位を奪って即位して隋が建国された。そして、五八九年には、南下して長江南部一帯にあった陳を滅ぼし文帝を名乗り、帝国としての地歩を固め、二世紀以上にわたる南北分裂の時代に終止符を打った。次いで、その子の煬帝《ようだい》（六〇四〜六一八）は、父を殺して即位し、周辺諸国の征服戦争に熱中する。とりわけ力を入れたのは西域で、その中でも突厥《とっけつ》であった。これはトルコ系の騎馬民族で、南北朝時代にモンゴルにいた柔然《じゅうぜん》（蠕蠕）に従っていたものが六世紀中ごろから自立し、東西に広く勢力を伸ばしていた。そして、五八三年には西突厥は独立し、エフタル（白匈奴・トルコ系遊牧民）やササン朝ペルシャと接触し、侮りがたい勢いを有していた。

隋の文帝は突厥内部の事情に乗じ、東突厥の突利可汗を降伏させ、啓民可汗という称号を与え内属させようとした。西突厥の達頭《タルドウ》可汗は隋に対抗して譲らなかった。また、六〇九年には、青海にいた鮮卑系の吐谷渾《ととくこん》を征服している。

煬帝は国内の東西・南北に大運河網を張りめぐらせ、日ごろは酒池肉林の遊蕩に利用していたが、その一方、運河は優れた交通路でもあった。煬帝はこの運河を利用中に、高句麗遠征を思いつき、その詔勅を発している。彼は、六一一年、三〇万の大軍を興し高句麗を攻め平壌に迫ったが大敗し、翌々年に再度の遠征を行なったが国内に反乱が起こり失敗している。そして、それをキッカケに農民の蜂起があり、さしもの大国も六一八年にはあっけなく崩壊してしまう。

倭国から小野妹子らの遣隋使がやって来たのは六〇七年のことで、翌年、裴世清を返礼使として遣わしている。『隋書』には、倭使の到来のことを「倭王、姓は阿毎、字は多利思北孤《たりしほこ》、阿輩鶏弥《あはけみ》と号す」と記している。姓が「アマ」というのは「天」のことであり、「アハケミ」というのは「大君」のことであるとわかるが、「タリシホコ」は「タラシヒコ」のことだとしても、当時の天皇は推古女帝であるので、隋に使者を出したのが誰かという疑問が残されている。この問題については、別の機会に是非考えてみたいと思う。

それはともあれ、百済・高句麗は隋の建国直後から朝貢をしていた。なお、隋は「科挙」という官吏登用のために選抜試験制度を始め、「九品官人法」という制度を作り、後の中国の王朝が近世に至るまで採用してきた官僚主義体制の基礎を作っている。

山西から起こった官人の李淵は、六一七年の暮れに首都長安を陥れ、翌年、隋帝から形式的に譲位を受け唐王朝が開かれた。唐王朝は、貞観の治（六二七～六四九）、武韋の禍の時代（六九〇～七一〇）、玄宗皇帝の開元の治（七一三～七四一）の時代を経て、安禄山・史思明の乱（七五五～七五八）というふうに二世紀を経て国力は次第に疲弊し、度重なる反乱の末、九世紀末には王仙芝・黄巣の乱が起こり、九〇八年、朱全忠によって唐王朝はついに滅ぼされ、後梁朝が起こり、五代の変遷を経て宋へと王朝は受けつがれていく。

唐の全盛時代の七・八世紀には、西アジアではサラセンと東ローマ帝国が栄え、シルク・ロードを通じて東西文明の交流が盛んであった。国内的には律令制度が完成され、新羅や日本にもそれが伝えられ採用されている。そして、北魏で始められた均田制も実施され、古代の中央集権政治体制のモデルが整備された。また、文芸の世界でも、李白や杜甫や白居易に代表される華やかな詩文が現われ、中華文化の極致とも言うべき盛況を示している。

唐帝国はモンゴリアの突厥を投降させ、チベットの吐蕃とは和戦の構えで対峙し、隋の時代の領域を守った。そして、東夷諸国については、六四二年、高句麗が百済と結んでの攻撃を受けた新羅の救援に応じて出兵したが効果はなかった。そして、六六三年には唐・新羅連合軍は百済の応援をした天智天皇の近江朝廷が派遣した大軍を白村江《はくすきのえ》の戦いで破り、六六八年には高句麗を滅ぼしている。その後、唐と新羅の関係は一時悪化したが、六七五年には新羅の朝鮮半島全土の統一を唐が認め、以後、新羅は親唐政策をとるようになる。そして、六九八年には、滅亡した高句麗王朝の後を受け、朝鮮北部から沿海州にかけて、靺鞨《まっかつ》人による渤海《ぼっかい》国が生まれた。

飛鳥時代から奈良時代にかけて、倭国——後に「日本」と呼称を改める——は、四回の遣隋使と一五回の遣唐使を派遣して中国の律令制度をはじめ多くの文物を移入し、国家体制の整備をはかったことはよく知られているとおりである。

第四章　朝鮮半島の歴史

古朝鮮の時代

現在の朝鮮半島の住民の直接の先祖はBC五〇〇〇ないし六〇〇〇年ごろに始まる新石器時代人であるとされている。それ以前に旧石器時代があったことは知られている。朝鮮半島における新石器時代は通常、前期・中期・後期の三期に分けられている。

BC一〇〇〇年ごろに始まる無文土器は、六〇〇～七〇〇度で焼かれたもので、それと平行して青銅器が出土している。BC五〇〇年ころからの後期青銅器は、中国の遼寧地方の影響を受けた細型銅剣・銅戈（枝分かれした両刃の剣）・多紐細文鏡・銅鐸・銅鈴などの儀具・祭器の性格の強いものが多くでている。そして、青銅の農具の普及によって急速に農業が進歩したことが証明される。

ここで興味あることは、半島南部の東三洞《トンサンドン》遺蹟の第二・第三層から縄文土器が出土していることですでに当時から日本列島との交渉があったことが示される。そして、BC三〇〇年ごろから朝鮮半島の文化は続ぞくと海峡を渡って対馬・壱岐を経て北九州方面に、あるいは直接に山陰から北陸方面に伝えられていくのである。こうして日本の弥生式文化が形成されることになる。

この時代は、家父長的な家族集団が形成された時期と考えられ、やがて富を集めた家族が共同体の首長となり一定範囲での権力を掌握するようになる。そういう権力者の墳墓として、重さ数十トン、七メートル四方もある巨石の蓋石を台石が支える支石墓が造られている。この形式の支石墓は九州の北西部にも縄文末期（BC四〇〇年ごろ）から弥生中期（西暦紀元前後）に伝播している。他に、箱式石棺墓も行なわれている。

建国の神話

さて、朝鮮の建国については、『三国遺事《サングクユサ》』によると、BC二三三三年に檀君《タングン》が阿斯達《アシタル》という所で国を開いたのが始まりであるという。この『三国遺事』という書物は、一三世紀の末に仏僧の一然という人が著したもので、仏教関係事項を中心に多くの逸文・遺事を集めたもので、史書というより説話集に近い。

それによると、昔、天帝の桓因《ファンイン》の庶子に桓雄《ファンヌン》という神がいて、人間を救うために三、〇〇〇の供を連れて太白山の頂きの神檀樹《シンタンス》に天降ったという。その時、そこの洞窟には虎と熊とが住んでいて、「自分たちを人間の姿にしてほしい」と桓雄に願った。桓雄は、彼らに神艾《もぐさ》一束と蒜《にんにく》二〇個とを与え、「これを食べながら一〇〇日間、日光を避けてお籠もりをせよ」と告げた。桓雄の諭しに従った熊は人間の女になれたが、教えに背いた虎は人間になれなかった。この熊女《うんにょ》が桓雄の情けを受けて生んだのが最初の君主の檀君王倹《ワンコム》であるとされている。

言うまでもなく、この話は神檀樹を神の憑《よ》り代《しろ》と考えるシャーマニズム（呪術信仰）に基づく説話であり、呪術師であるムーダン（巫堂）たちによって伝えられたものと思われる。しかし、「檀君本紀」によると、BC一二世紀のころ、中国の周の武王が箕子《キジャ》を朝鮮王に封じたので、檀君は隠栖して山神になったということにしている。これが「箕子朝鮮《チョソン》」ということになるが、その実在性には疑問も投げかけられてはいるものの、BC四世紀より前に「朝鮮」という国があったことは認められている。ただ、その本拠地は平壌《ピョンヤン》周辺とするのが通説で、そのほかに遼東方面とする説もあり確定できない。

BC三世紀に、前漢が成立するころ、遼東方面の燕国の王の盧綰が追われて匈奴に逃れると、燕人の衛満《ウィマン》は郎党一、〇〇〇人を集めて東方の朝鮮に亡命し、当時の朝鮮王の箕準に漢人の移住を認めさせ、BC一九〇年ごろ準から王位を奪い、「衛氏《ウィジ》朝鮮」を建てた。「箕子朝鮮」と「衛氏朝鮮」のことを古朝鮮というが、後者は、BC一〇八年、前漢の武帝の楽浪郡の設置によって滅ぼされてしまう。

古代朝鮮についての同時代資料は、隣の中国の正史以外には何一つ残されていない。今日、韓国で正史とされている『三国史記』は、高麗王朝時代の一一四五年に金富軾が撰進したもので、形式は中国流の紀伝体に整えられている。その内容については、中国の史書を引用するなど正確を期する態度は取られているが、四世紀の前半以前のものについては正否は確定できない。

『三国史記』の「高句麗本紀」によると、前に述べた夫余国では、BC六一年、中国東北地方の松花江の中流の訖升骨城《コルスンコルソン》（現在の渾江）に、天帝の子の解慕漱《ヘモス》が五色に輝く五龍車に乗って天降り、自ら王を称して国号を「北夫余」とした。そして、その子の解夫婁《ヘブル》は夢に見た神の指示によって南に進み、東夫余国を興したということになっている。そして、金蛙《キムワア》が東夫余の王だった時、河伯（水神）の娘の柳花《ユファ》を救う。この柳花は天帝の孫を身籠もったが生まれてきたのは大きな卵であった。そして、そこから生まれたのが高句麗王朝の始祖の朱蒙《チュモン》である。

ところが、朱蒙は幼くして弓矢が上手な上に異才を発揮し、周囲に妬まれたので、母の柳花は危険を感じて朱蒙をよその土地に逃れさせた。こうして朱蒙がたどりついたのは卒本州の沸流水《プルス》の地で、そこに新たに国を興し高句麗《コグリョ》と名づけた。時にBC三七年、朱蒙は二二歳であった。

高句麗の「高」は、朱蒙が自らの姓としたものであるから、国の名は「句麗」であり、日本ではそれを「クレ」と呼び、「呉」の文字を当てることがある。

初代高句麗王になった朱蒙は東明王ともよばれ、以後、その子孫は七世紀の半ばまで二八代の王位をついでいる。有名な広開土王《クワンゲトワン》（好太王。三九一〜四一二）は第一九代目の王に当たる。この高句麗王朝の支配範囲は、当初は東夫余の発祥の地の満州東南部であった。二世紀の末になると、公孫康が遼東から北進して来て沸流水《プルス》を侵したので、一九八年、第一〇代の山上王（一九七〜二二七）は輯安（集安）の地に丸都（国内）城を築いた。そして、第一六代の故国原王（三三一〜三七一）は丸都城に移ったが、鮮卑から出た燕王の慕容氏の攻撃を受けている。そして、この王の時代に、高句麗の主勢力は朝鮮北部に移り、広開土王は、新羅と組んで百済を討ち、勢威を朝鮮の南部にまで広げた。高句麗の王都が平壌に定められたのは、第二〇代の長寿王《チャンス》（四一三〜四九一）の一五（四二七）年のことで、以後、唐の攻撃によって滅亡するまで高句麗の都として栄えていた。

次に百済王朝について見てみよう。この王朝もまた夫余・高句麗系とされている。『三国史記』の

「百済本紀」によると、百済王朝の始祖の温祚《オンジュ》王は鄒牟《スム》といい、朱蒙のことであるとされている。朱蒙が難を避けて沸流水のほとりの卒本夫余に来た時に、夫余王には男子がいなかったので、朱蒙の偉才を知った王は二番目の娘を彼に娶らせ、沸流・温祚の二人の子が生まれた。そして、この兄弟は自分たちが太子として認められないことを恐れ、一〇人の家臣を連れて南に走り、漢山《ハンサン》（現ソウル）の地にやって来た。

そして、二人は負児嶽《プル》に登り国を建てるべき土地を求めたところ、兄の沸流《プル》は南西の海浜地帯が気に入り、家臣の諫めをふり切って弥鄒忽《ミスコル》（現仁川《イヨンチヨン》）に行き住みついた。温祚は河南の慰禮城《ウイレイソン》（現広州）に都を定め国を栄えさせた。ところが、沸流が選んだ土地は湿気が多く水も塩からかったため、安んじて住むことができず、沸流たちは慰禮城に帰った。沸流はそのことを恥じて死んだ、ということになっている。

もっとも、「百済本紀」には、別の説が紹介されている。それによると、夫余王の解扶婁の庶孫の優臺と卒本の人の娘の召西奴との間に生まれたのが沸流・温祚の兄弟だという。高句麗王となった朱蒙は召西奴を慈んで妃とし、沸流兄弟もわが子のように愛した。しかし、朱蒙のところに生まれた禮氏の子の儒留が来たのでそれに王位をつがせ、沸流たちは南に去ったことになっている。また、中国の『北史』と『隋書』には、「東明（朱蒙）の後に仇台がいた。彼は信望が厚く帯方らに国を建てた。そして、遼東（いわゆる満州の南部）の太守であった公孫度は彼に娘を嫁がせたところ、高句麗は強国になった」という記事があることも紹介している。

このように、百済が高句麗系の王朝を戴く国であったことは確かであると言うことができる。古朝鮮の始祖の檀君は天から降臨して来たし、高句麗王朝の始祖の朱蒙《チュモン》は卵から生まれたとされている。では、新羅の最初の王はどうなっているのだろうか？

『三国史記』の「新羅本紀」によると、新羅の発祥の地は今日の慶尚北道《キョンソン》の慶州《キョンジュ》市にある柳山の麓ということになっている。その地方の高墟村の村長が林の中で馬が跪いて嘶くのを聞いたので行ってみると、馬の姿は突然消え、大きな卵があった。そこで卵を割ると幼児がでてきた。そこで、この地方の六人の村長たちは、この男の子を育てた。そして一六歳になると、若いのに優秀で老成していた。そこで村長たちはこの神秘的な誕生をした男を崇め尊び君主とした。これが新羅の国の始祖王である赫居世《ヒョッコセ》の出現の説話である。卵から生まれた点は朱蒙と同じである。

赫居世とは「光明王」といったような意味であるが、その姓には、その卵の形が瓢《ひさご》に似ていたので「朴《パク》」という名が選ばれた。辰韓では瓢のことを朴とよんでいたことが理由であった。即位したあと、王号は辰韓で王者のことをさしていう居西干《クォソハン》とした。そして、国号を徐那伐《ジョナボル》とした。これは、「王京」という意味であるとか、「聖林」を意味するという説もある。

赫居世の即位五年、龍が閼英井《アルヨンチョン》に現われ、その右腹から幼女が生まれた。老婆がそれを取り上げ、井戸の名前から閼英と名づけて育てたところ、成長すると容姿端麗で人徳のそなわった女となったので始祖はこれを王妃として迎えた。「閼《アル》」という言葉は「卵・穀物」に通じ「英」は「花」のことをさし「金《キム》」を姓としている。つまり、この女性は「穀物の母」ということになる。

新羅王朝の八代目までは朴姓であるが、その中の第四代王の脱解《タルヘ》だけは「昔《ソク》」姓になっている。脱解王は六二歳でAD五七年に即位したとされているが、生まれたのは倭国の東北一千里のところにある多婆那《たばな》国で、昔その国王が女国の王女を娶って妻とし、妊娠して七年たって大卵を生んだ。やはり、ここでも「卵生伝説」になっている。

ところが人が卵を生むとは不祥なことだというので、王はそれを捨てるように命じたが、王妃の阿孝夫人は捨てるに忍びず、絹の布に卵を包み宝物とともに箱に入れ海に流したところ、金官国の海岸に着いた。金官の人はこれを怪しんで取り上げようとしなかったが、辰韓国の阿珍浦《アチンポ》の海岸に流れ着いたのを老婆が拾い、箱を開けると一人の少年がいた。この子が成長すると身長は九尺もあり神のような風格であった。そこで、赫居世は我が子の二代王になった南解《ナメ》王の娘の婿に迎え、大輔の官職につけ政治を一任した。やがて三代王の儒理《ユリ》は死ぬに当たって脱解を王位につけるよう遺言し、それが実現したという。脱解の姓は、海辺に箱が流れついた時、鵲《かささぎ》がしきりに箱につき従っていたので、鵲の文字を省略して「昔」とした。

新羅王位は、その後は「朴」姓に復したが、九代王位は脱解王の孫が継承し、一三代の味鄒王と第一七代以後の王位は閼智の子孫の「金」姓の系統がついでいる。このように、新羅の王朝は「朴」・「昔」・「金」の三つの姓の系統で継がれている。

ここで興味があるのは、脱解王が多婆那国から流れついたという伝承があることだ。タバナというのは日本の但馬（兵庫県）であるとか、肥後の玉名であるとかいう説もある。しかし、この伝承のさしている場所は単に「海神の住む国」というだけのこととも解することができる。

ただ、始祖王赫居世の即位三八年の記事に、瓢公という人物が登場していることにも注目したい。「新羅本紀」には、瓢公はもともと倭人で、腰に瓢をさげて海を渡って来たのでその名がついたとしている。瓢公は、王命によって馬韓国に使いし、国交を開く交渉をしている。その記事の中に、「これより以前、秦の時代の争乱に苦しみ、東方に移住する者が多く、彼らは馬韓の東にいて辰韓と雑居している」ということが書かれており、馬韓はそれを憎んでいるとしている。

赫居世や脱解王の時代のことと して述べられていることは、とうてい史実とは考えるわけにはいかない。このころは、百済とか新羅とかいう国はまだ成立してはいない。しかし、『三国史記』が採用している伝承や説話は、日本の『古事記』の場合と同じく、いや、それ以上に何らかの歴史的事実をふまえて構成されたものと考えていいのではなかろうか?

『魏志・東夷伝』

中国の正史である『魏志』の「東夷伝」の記事を見よう。『魏志』は全三〇巻でその最終巻が「烏丸・鮮卑・東夷伝」になっている。そこに紹介されているのは、夫余・高句麗・東沃沮・挹婁・濊・韓と倭人になっている。

倭だけに「人」の文字が付いていることにも興味があるが、ここでは、それらの国の概況を比較・対照表として提示しておく。

まず、さきに「韓」について見てみよう。この表では、「韓」だけは対比上から三韓（馬韓・辰韓・弁韓）を二つに分けておいた。「東夷伝」には後に百済によって統一される馬韓《マハン》の記事は豊富であるが、新羅の母体となった辰韓《ジナン》については独立した記事もあるが、弁韓《ピョナン》と合わせて「弁辰」としたり、「弁・辰韓は合わせて二十四国」というふうに述べるなど表記上一定していない。また、「弁辰は辰韓国と雑居す」というような書き方があり、混乱していると言いたくなる。

この「弁韓」とよばれる地域は、馬韓の東、辰韓の西に当たり、洛東江に沿った一帯のことをいい、六世紀半ばまで、このあたりには六ないし七の「伽耶」諸国があった場所である。そして、『紀・記』が任那とよび、そこに「日本府」があったとする問題の所でもある。

辰韓について注目すべきことは、『魏志』は「耆老《きろう》は伝世して自らいう。古えの亡人は秦の役を避けて来り韓国にいたる」と述べ、「その言語は馬韓と同じからず。秦人に似たるあり」と記しており、「今これを名づけて秦韓となす者あり」とも言っていることである。つまり、王室の始祖が百済は夫余・高句麗系であり、姓も「余」であるのに対して、新羅には三姓があり、しかも秦の遺民が入っていたりしているため、民族的な事情が違うことを物語っているものと思われる。

後に見るように、豊前《ぶぜん》（福岡県東部）には、昔、秦氏《はた》が多く住み、『隋書』にはそのあたりに「秦王国があった」と記していることと、この「秦人」を結びつけて考える人がいる。また、中国では東ローマ帝国のことを「大秦国」とよんでいたが、その方面から中国に亡命ユダヤ人が入ってきて秦王朝を建てたと考える人もおり、古代日本にもユダヤ文化が弁韓の「秦人」によって伝えられたと考える人もいる。

それはともかく、「韓伝」では、『魏略』を引用し、「昔、箕子の後の朝鮮侯は周が衰え、燕が自尊して王となり、まさに東して地を略さんとするを見、朝鮮侯もまた自称して王となった」と説き、古朝鮮の存在性を主張している。そして、朝鮮侯の準に対して浿水《ペス》（鴨緑江）の向こうにいた燕人の衛満が胡服を着てやって来て詐《いつわ》って降伏し、ともに中国の亡命者を支えて漢帝国につくそうともちかけ

諸国の対比表

濊	馬　韓	辰韓・弁辰	倭　人
人性、原愨で嗜欲少なく、廉恥心がある。	その俗、綱紀が少ない。	(記事なし)	その風俗、淫らでない。
常に十月の節を用いて、天を祭る。昼夜飲食歌舞し、名づけて舞天という。また、虎を祭って神となす。	常に五月を以て、種を下し祭り、鬼神を祭る。群衆歌舞飲酒し昼夜休むことなし。十月農耕終わってもこれをなす。鬼神を信ず。国邑に各一人を立て天神を祭るを主とす。これを天君と名づける。また諸国に各々別邑があり、之を蘇塗と名づく。大木を立て鈴鼓を懸け、鬼神に事える。	(弁辰)鬼神を祠祭す。	(卑弥呼)鬼道をもって人を惑わす。(他に、記事なし)
侯。星宿を暁り、あらかじめ年歳の豊約を知る。	(記事なし)	(記事なし)	事をあげて行来するに、伝云する所あれば、骨を灼いて卜し、以て吉凶を占う。
疾病死亡すれば旧宅をすてて更に新居を作る。	その葬、棺あって槨がない。牛馬を死を送るに、尽くす。	(弁辰)大鳥の羽を以って死を送る。その意は、死者をして飛翔せしめんと欲するものである。	その死には棺あって槨がない。土を封じて冢を作る。始め死するや、喪にとどまること十余日。時に当たっては肉を食わない。喪主は哭泣し、他人就いて歌舞宴酒す。巳(すで)に葬れば家をあげて水中に詣り沐浴する。
大君長なく、漢より巳来、その官に侯邑君三老がある。	国邑に主帥がいるが、村落雑居し、よく相制御することができない。	(記事なし)	大人を見れば敬う所ただ手を打って跪拝する。文身は尊卑差がある。下戸と大人と道で逢えば下戸は逡巡して草に入る。
(記事なし)	法俗、たいてい高句麗と同じである。人を殺す者は死を償う。その村落相犯すときは、相罰して生口牛馬を責む。	法俗、特に厳峻である。	法を犯せば、軽いものは妻子を没し、重い者は、その門戸および宗族を没す。

『魏志・東夷伝』の

項目	夫　余	高句麗	東沃沮
性質	人がらは粗野であり、性格は強勇で謹厚である。	人性は凶急であり寇鈔（掠め取る）することを喜ぶ。気力があり、戦闘を習う。その人、潔清である。	人性は質直、彊勇である。
信仰	正月、天を祭る。国中大会し、連日飲食歌舞し、名づけて迎鼓という。	鬼神を祭る。また、霊星社稷を祀る。十月、天を祭る。国中大会し、名づけて東盟という。 隧神を迎え、国の東土に還して之を祭る。木隧を神座に置く。	（記事なし）
卜占	牛を殺して蹄を観て以て吉凶を占う。蹄、解かる時は凶となし、合う時は吉となす。	（記事なし）	（記事なし）
葬制	その死は夏月には皆氷を用いる。人を殺して殉葬すること、多き者は百数。厚く葬り、棺あって槨が無い。	厚葬。金銀財幣ことごとく死を送るに放つ。石を積んで封をなす。 松・柏を列びて種える。	その葬に大木槨を作る。長さ十余丈、一頭を開き戸を作る。新たに死すれば皆仮りに之を埋む。ほのかに覆いをさせる。皮肉つきて仍ち骨を取って槨中におき、家をあげて皆一槨を共にする。木を刻んで生ける形の如くしたものを死に従わしめる。また瓦器に米を入れてこれを槨戸の辺にかける。
身分	村落に豪民あって、下戸となづける。訳人が大人に辞を伝えるに皆跪き手は地につき、ひそかに語る。	尊卑おのおの等級がある。	大君長なく、村落におのおの大人がいる。
秩序	刑を用いること厳急、人を殺す者は死す。その家人を没して奴婢となす。	牢獄無し。罪あれば評議してこれを殺す。妻子を没入して、奴婢とする。	（記事なし）

たが、実は衛満が朝鮮の国を奪うためであったということを史実として記している。こうして滅びた「箕子朝鮮」の祖先を祀っている者もいるが、漢帝国ができてから後は、韓人は楽浪郡の下に服属したと述べている。

そして、後漢末の混乱時に楽浪郡の下にいた民の多くが流民になって韓国に入ったことや、公孫氏が旧楽浪郡の遺民を収拾して帯方郡を建てたことにも触れている。さらに、三国時代になり魏の明帝が帯方郡を接収した事情も概説している。このことは、『魏志』が中国の史書であるから当然のことで、韓国は帯方郡を通じて魏帝国に服属しているという建前を述べたものである。三韓のうちの馬韓は農業国として描かれ、五二の小国が集まっているとしている。その中の伯済国が四世紀の半ばに馬韓全体を統合して百済になる。これらの国には城郭はないという。

そして、「辰王は月支国に治す」とある。月支国というのは、どこかは不明だが現ソウルからそう遠くではないはずである。そして、「韓伝」では「弁・辰韓二十四国」のうちの一二国は「辰王《チンワン》に属し、辰王は常に馬韓人を用いてこれをなし、世々あいつぐ。辰王は自立して王となるをえず」とある。また、「魏略にいわく、その流移の人たるを明らかにす、ゆえに馬韓のために制せらる」とも述べている。

この「辰王」なるものが曲者である。それは「流移の人」というのであるから本来の韓人ではない。しかし、馬韓によって「王」に推され一二国も支配するというのであるから、その権威は相当なものとしなくてはならない。しかし、その存在は『三国史記』には現われてこない。これもまた神秘的としか言いようがない。いったい、辰王はどこから来て、どこに消えて行ったのであろうか？　後に見るように、応神天皇などの二、三の大王は「辰王が倭国に渡来して王者になったのである」と唱える人もあり、日本古代史の謎を解くカギがここに隠されているという意見は、かなり有力であると思われる。

ただ、言えることは、『三国史記』は「新羅本紀」・「高句麗本紀」・「百済本紀」の三編はあるが、「伽耶本紀」が欠けているということである。そうなると、『魏志』の「韓伝」が辰王のことを「弁・辰韓」の所に記している以上、辰王は弁韓すなわち伽耶の一二国連合体の王として馬韓が選んで統率者としての仕事を託したのではなかろうか? そう解釈するならば、辰王のことが百済や新羅の歴史に姿を見せないことも理解できるであろう。

その他の東夷

『魏志』では「東胡」とよばれた騎馬系民族の烏丸・鮮卑と並べて「東夷」の国ぐにについて詳しく述べている。そのうちの「韓」は「倭」と最も密接な関係があるが、日本人のルーツを考える場合、弁韓についての記述に注意する必要がある。

弁辰二四カ国の総戸数は四五万戸で、土地は肥え五穀および稲が植えられ、養蚕や織物も行なわれているとし、牛馬に乗り、丸太を積んだ木造の家屋は牢獄のようだと記している。

注目すべきは「国は鉄を出す。韓・濊・倭みなほしいままにこれを取る」という文言である。このことは古代日本の鉄器の原料入手先という意味だけではなく、「倭人が南朝鮮にもいた」という点に意義がある。しかも、そのことは、「瀆盧国は倭と境を接す」とあることによっても裏づけられる。

つまり、「倭人」というのは日本列島の住民の主力だっただけではなく朝鮮にも住んでいたということで、このことを無視すると、とんでもない誤解に陥ることになる。

もう一つ、「弁辰は辰韓と雑居す。また、城郭あり、衣服・居処は辰韓と同じ、言語・法俗は相似たり」としていることである。このことは今の慶尚南・北道の住民は人種的には混合社会だったとしても、風俗的には共通性をもっていたことを意味している。このことは重要である。

「東夷伝」が紹介する「韓」以外の地について概観してみよう。夫余のことはすでに説いた。

そこで高句麗を見ると、そこにも夫余の「五加」を思わせる涓奴・絶奴・順奴・灌奴・桂婁の「五族」がある。そして、相加・対盧・沛者・古雛加・主簿・優台などの官があり、尊卑の等級が定まっている。土地は大山・深谷が多く、山谷にそって人が住んでいる。富んでいる人は農耕せずに寄食しており、従者をもっている。記事は高句麗の歴史にも触れ、後韓時代に玄菟郡の治下にあったことや一世紀中ごろに高句麗が遼東を侵し、二世紀になる直前に公孫度に討たれた（帯方郡の設置）ことも述べている。

東沃沮は、東海（日本海）に面した山添いの狭い土地である。五、〇〇〇戸ほどの小国で大君主はいない。言葉は高句麗と大同小異。海人系の文化をもっている。

挹婁の地は、夫余の東北にあるが、言語は夫余や高句麗と同じではない。五穀・牛馬・麻布がある。古くは粛慎の民で、狩猟にすぐれている。原始的生活をしている。

濊は、約二万戸。門には錠をしなくても盗みをする者はいない。大君主はいない。言語・制度はだいたい高句麗と同じく胡人である。

最後に、日本列島に住む「倭人」についてであるが、その記述は他に比較して最も多いことから、「東夷伝」の筆者の陳寿がこの地にとくに注目していたことがわかる。その内容は、対比表にあるように朝鮮半島の諸国と共通する点も多いが、独自的な点もいくつかある。気になるのは、庶民の信仰についての記述が欠けていることである。倭人は海人系として捉えられており、潜水漁法が得意のように述べられているから、その人種は陳寿には南島系として映ったものと思われる。とすると、現在でも沖縄諸島などに伝えられる太陽信仰やニライカナイという東方の海の彼方を理想郷とする信仰があったと考えられるが、陳寿の目には止まらなかったようである。

陳寿の記す三世紀半ばの「倭」は弥生時代の後期末に相当し、九州では甕棺墓にかわって石棺墓や土壙墓が盛んになり、方形周溝墓も現われており、近畿でも首長墓は大型化している。

邪馬台国の女王卑弥呼に関する記述や狗奴国との対立については、後に述べることとし、ここでは三世紀の半ばの倭国が二十余の小国の連合体として存立していたという事実にだけ注目しておきたい。つまり、その社会は馬韓や辰韓と同様に部族の統合段階にあり、やがて統一国家が成立する前の状況にあったことが知られる。

邪馬台国の所在については、「女王国の東、海を渡り千余里、また国あり、みな倭種」とあるから近畿の大和（奈良県）ではありえない。また、そこの植物を見るとすべて北九州に生えているものばかりであるし、「倭の地は温暖、冬夏に生の菜を食い、みな徒跣」とあるから大和説は成り立たない。そのことだけは確認しておきたい。

ともあれ、『魏志』の存在は三世紀の東アジアの実情を知る上で欠くことのできない貴重な資料であり、教えられるところがきわめて多い。

三韓の国どうしの関係

『三国史記』を見ると、「新羅《シルラ》本紀」の記事が圧倒的に多く、高句麗《コグリョ》や百済《ペクチェ》については、この史書を編集する段階で文献資料が乏しかったであろうことが推定される。そのかわり、この二国については、中国との交渉が多かったためか対外関係については詳細になっている。

ところで、「新羅本紀」を見て誰でも気づくことは、「倭兵、辺境を侵す」といったような記事が建国直後から数多く見られることである。付録の年表から「倭人の侵攻」の記事を拾うと、BC一世紀が一回、一世紀に二回(この他に伽耶《カヤ》の侵攻が二回)、二世紀に一回(伽耶が四回)、三世紀に六回、四世紀に三回となっており、五世紀に至っては実に一七回の多きに達する。

ここで、注意すべきことは、この「倭人」というのが日本列島に住む倭人だけではなく、明らかに朝鮮半島内にいた倭人も含むということである。むしろ、そのほうが多かったと思われる。なぜかと言うと、一九三年には「倭人が大飢饉に見舞われ、食糧を求めて千余人も来た」と書かれているが、いくら飢えたとしても、九州あたりからわざわざ遠い新羅まで救けを乞いに行くはずはないからである。つまり、ここで言う「倭人」というのは、新羅の隣の伽耶にいた倭人のことと考えるのが当たっているということになる。

ただ、一世紀と二世紀には、それぞれ倭人の侵攻と伽耶の侵攻とをともに記しているから、伽耶地方には倭人と韓国系の住民と両方が住み、韓国系の伽耶人の場合には「伽耶」と表記して区別したものと考える。しかし、実際には、両住民は混合ないし共同して行動していたのであろう。

そうは言うものの、日本列島から倭人が海を渡って新羅を攻撃したと思われる記事もある。例えば、四〇二年に「倭国と国交を結び、奈勿王の王子味斯欣《みしきん》を人質にした」というのは、『日本書紀』の「神功五年紀」に「新羅の王子微叱許智《みしこち》を新羅に返した」とあることに対応しているし、「倭人」ではなく「倭国」と書いてあることから、これは列島内の倭国ということになる。五世紀以後の「倭」はヤマト系のことと思っていいであろう。ともかくも、この前後、日本列島から出撃した「倭軍」が対新羅戦に参加したことは事実と考えられる。

「新羅本紀」には、百済との紛争の記事も見られる。すでに第四代の脱解王の時代にも、六三年に百済王が領土を拡張してきて翌年から八五年にかけて数回戦っている。そして、一〇五年に和解の話がでている。こういう百済との紛争や戦闘はその後も一六七〜二二四年間と二五五〜二八三年間にも見られるが、まだ、このころは新羅も百済もどちらも小国であって国の統一が進んでいないから、『三国史記』が何を根拠にこれらの事件を述べたのか疑問は残る。また、高句麗についても二四五年に衝突があったと記されている。

やはり問題なのは、四世紀末の高句麗の広開土王による韓国の南部への侵攻であろう。この時、「倭は海を渡って百済・新羅を臣となした」と読めそうな王の「碑文」の刻文の記述が事実であるか否かが問われることになる。その件に関しては、酒匂大尉による文字の改竄があったとする説もあり、その真偽の判定如何によって、当時、朝鮮半島にいた倭人の性格が問題となる。しかし、「碑文」の記事を「神功皇后」と関連づけることは無理であろう。

その後、五世紀には、四五四年に高句麗と百済の戦闘が始まり、さらに高句麗は靺鞨とともに新羅をも攻撃している。四八四年と四九五年には百済・新羅の連合軍が高句麗と戦っている。こうした中で、五三二年に、朝鮮半島最南端にあった金官加羅国王は新羅に降伏してしまう。これが『日本書紀』のいう「任那の喪失」のことで、この件については後に検討したい。

六世紀になると、高句麗の南下政策は露骨になり、倭では継体天皇の在位時期に相当する五〇七〜五一二年には百済を侵略し、倭では欽明天皇の時代の五四八〜五五一年には戦闘範囲を拡大して高句麗・百済・新羅三国の攻防戦の様相を呈するようになる。こうした中で、百済と新羅は一致して高句麗に対抗したわけではなく、時によっては自国なりの利益を考えて高句麗側に味方することも起こり、五七八年には百済・新羅戦争ともなった。

そうして七世紀に入ると、隋の高句麗遠征とその失敗があり、それ以後、半島情勢は複雑化した。さらに、唐の建国（六一八年）から後は、倭では推古末年から舒明・皇極・孝徳時代に当たる六二七年から六五五年にかけて数回の百済・新羅戦があり、高句麗・新羅の連合軍によって天智称制二年に相当する六六三年には百済は滅亡させられ、次いで六六八年には高句麗も唐によって滅ぼされることになる。以後、朝鮮半島は「統一新羅」の時代に入っていく。

第五章　伽耶諸国の地理と歴史

金首露王の降臨と駕洛国

三韓の一つである弁韓は朝鮮では日本に最も近い位置にありながら、その実態はほとんど知られていない。しかし、この地方こそ、今から一五〇〇年以前まで倭人の国があった所であり、日本文化と日本国家の成立の謎の鍵を握る場所であることが、近年の考古学上の発見と日韓両国の研究者によって次第に明らかにされつつある。

本書の趣旨も、伽耶すなわち弁韓そして『日本書紀』が任那とよぶ地域の実相を解明することによって、日本古代史の隠された部分に光を当て、「日本民族成立」の謎の解明に迫ることにあるので、いよいよ本題である「伽耶諸国の地理と歴史」に入ることにしよう。

まず最初に、伽耶諸国の最南端にあった駕洛国《カラック》の建国についての神話から紹介したい。駕洛国というのは、今日の釜山市《プサン》と洛東江《ナクトンガン》を隔てて西隣の金海市《キメ》にあった金官加羅国《クムガンカラ》のことをいう。

朝鮮の『古事記』ともいうべき『三国遺事』は、全五巻から成っており、その第三巻以下は仏教関係の伝承と説話となっており、第一・第二巻が古朝鮮以来の歴史の概略を主に人物についての物語などを通じて生き生きと描いている。その第二巻の末尾部分が「駕洛国記」で、国の始祖の降臨による建国の話は、その冒頭に述べられている。

それによると、後漢の光武帝の建武一八（AD四二）年の禊浴《みそぎ》の日に、村の北側にある亀旨峯《クジボン》で怪しげな声がしたという。村人二〇〇〜三〇〇人が行くと声は聞こえて姿は見えず、「皇天の命令でこの地の王になることになったので峯に降りて来る」と言い、天から紫の紐が垂れてきて、その端に紅色の布包みがあった。その中には金色の盆が包まれており、中には黄金の卵が六個入っていた。村人はそれを見て喜び百拝したが、その地の九人の村長の一人が家にもち帰り、床に安置しておいたところ、翌日の朝になると卵は変じて六人の男になっていた、と言う。

そのうちの一人は、一〇日もすると身の丈が九尺にもなり、その顔は高貴なものだったので、その土地の王として即位した。そこで、初めて現われたというので諱《いみな》を「首露《スロ》」ということとし、国の名を大駕洛、または大伽耶とよぶことになった。そして、残りの五人も伽耶六国の他のそれぞれの国の王になった、と言うのが「降臨神話」のあらましになっている。なお、「大伽耶」という国の名は、伽耶諸国のうちで北方の現高霊《コリョン》にあった国のことを言う場合があり、本書では、「大伽耶国」と言えば駕洛国すなわち金官加羅国ではなく、高霊をさすことにする。

国の新しい統治者が天から降りて来る点は夫余国の場合と同じであるから、駕洛国の王室は夫余系であると言うことができる。また、卵が孵って王が生まれるというのは新羅の場合と共通している。しかも、天の神の命令で峯の頂に新しい王者が降臨して来るというのは、日本神話の場合とまったく同じモチーフになっている。そして日本の天孫ニニギの降臨神話では、降下するのは「筑紫の日向之高千穂のクシフル岳」と言うことになっており、首露王の降臨先が「クシ峯」と名前が一致していることは興味深い。

建国神話のモチーフが一致しているということは、取りも直さず「日本の皇族のはるか昔の祖先と、首露王すなわち伽耶の王族とは同系つまり祖先が共通しているからだ」と考えたくなる。とりわけ、「クジ峯」と「クシフル岳」との名前の一致はけっして偶然ではありえないから、駕洛国の王室の先祖と日本の天皇家の先祖は、遠い昔は同族であったことを意味している。

ここで重要な観点は、駕洛の土地の人たちは外部からやって来た「天の命令を受けた神」のことを「人間の王」として喜んで迎え入れたということである。このことは、「駕洛国記」の話は土地の住民サイドの視点で描かれていることを示している。ところが、日本神話の場合はそうではなく、高天原の側の視点で「天命を受けた天孫が地上に派遣されて行く」という形で語られている。「天降り」という日本語が今日でも「権威者が一方的に押しつける」という意味に用いられている点が、韓国の場合と著しく異なっている。

一九九一年は、首露王の降臨の二五〇〇年目に当たるので、韓国の金海市では盛大な祭りが行なわれている。現在は共和国でありながら、民族の神話伝承をいかにもサラリと受け入れ、特別の反対もない点は、「日本書紀アレルギー」とでも言うべき神話についてのこだわりのムードがある日本とは、国情の違いによるものであるとでも言うべきであろうか。

伽耶諸国はどこにあったのか

『三国遺事』で、駕洛と書かれている国のことは、『三国史記』では、「加耶」という表記で「新羅本紀」の所どころに顔をだしているが、それがどこにあったかは明示されていない。「伽耶・加耶」の別名を「金官」ともいうが、これらの名前は朝鮮の二冊の史書にだけでてくる国名であって、それ以外の外国の文献にはでてこないのであろうか？

実は、それがでているのである。それは、すでに第二章で見たように『日本書紀』には、「神功四九年紀」に将軍の荒田別《あらたわけ》と鹿我別《かがわけ》が韓の卓淳《とくじゅん》国に派遣され、新羅を攻撃することを命じられた場面のことである。そこには彼らが戦いに勝って平定した国の名前として、比自炑《ひしほ》・南加羅・喙《とく》国・安羅・多羅・卓淳・加羅が挙げられている。そのうちの南加羅（アリヒシノカラと読ませている）が金官加羅のことをさしているとされている。

また、「垂仁二年紀」の都怒我阿羅斯等《つぬがあらしと》の渡来について「意富加羅国」の名前があったし、前章で触れた『魏志』の「弁辰二十四国」に見られる「狗邪韓《くやかん》国」というのがどうやら金官加羅のことと思っていいようである。

ところで、一般に狭義で「加羅」とか「伽耶」という時、「金官加羅」のことをさす場合もあるが、広義でいう場合には、もっと広い範囲――おおよそ洛東江の西岸の一帯のことをさしている。それはちょうど「神功紀」で荒田別・鹿我別が平定したとされる地域がそれに相当する。

また、『三国遺事』の第一巻には、朝鮮諸国の歴史を国ごとに概説しているが、そこに「五伽耶」という項目がある。ところが、そこには、金官・阿羅《アラ》加耶・古寧《コニョン》加耶・大加耶《テガヤ》・星山《ソンサン》伽耶・小伽耶《ソガヤ》の名があがっている。それだけでなく、『三国遺事』には、『本朝史略』の伽耶の範囲についての別説を紹介しており、非火加耶という一国が加わっており、「五伽耶」と言いながら実際には「七伽耶」になっている。

『魏志』の「韓伝」に載っている「辰韓二十四国」のうちの半分は、どうやら「広義の加羅」のことらしいが、それは『三国遺事』の「六伽耶」とどうつながるのだろうか？　これらの国の名とその比定地については、韓国の研究者が説くところをいちいちその理由・根拠にまで触れることなく、結論だけを紹介するに止めておく。

『魏志』	『三国史記』	比定地	別称
①狗邪国《クヤ》	金官加羅《クワンガン》	金海《キメ》	南加羅《ありひしのから》（「神功紀」）・狗邪《くや》（『魏志』）
②安邪国《アヤ》	阿羅加耶《アラカヤ》	咸安《ハナン》	安羅《あら》（「神功紀」）・安邪《あや》（『魏志』）
③戸路国《ホロ》	古寧加耶《コニョン》	※咸昌《ハンチョン》	※別説では、晋州《チンジュ》に比定
④弥烏耶馬国《ミアヤマ》	大加耶《テガヤ》	高霊《コリョン》	加羅《から》（「神功紀」）
⑤半路国《ハンロ》	星山加耶《ソンサン》	星州《ソンジュ》	伴跛《はへ》（「継体紀」）
⑥古資弥凍国《コシミドン》	小加耶《ソガヤ》	固城《コソン》	久嗟《くさ》・古嗟《こさ》（「欽明紀」）
⑦不斯国《ブシ》	非火加耶《ピファ》	昌寧《チョンニョン》	比自㶱《ひしほ》（「神功紀」）・非火（『本朝史略』）

これ以外にも、右に挙げた「神功紀」の荒田別たちが攻め取ったとされる喙・多羅・卓淳や、「継体紀」や「欽明紀」に出てくる二、三の国ぐにについても、『三国史記』にでてくる新羅との交渉があった「加耶系諸国」の名と並べて同様の比定地を挙げておこう。

『日本書紀』	『三国史記』	比定地
⑧ 喙《とく》・喙己呑《とくことむ》	押督《おうとく》・押梁《おうりょう》	慶山《キョンザン》
⑨ 多羅《たら》	大良・大耶《タヤ》	陜川《ハプチョン》
⑩ 卓淳《とくじゅん》・喙淳	達句火《タルクファ》	大邱《テグ》
⑪ 己汶《こもん》		南原《ナムウォン》付近？
⑫ 滞沙《たさ》	韓多沙《ハンタサ》	河東《ハンドン》

これらの国は、すべて朝鮮半島の南部の釜山《プサン》を河口として南北に流れる洛東江《ナクトンガン》とその支流の流域（西岸側）にあり、『魏志・韓伝』でいう「弁韓」の範囲内にある。そして、いずれも紀元前からＡＤ七世紀ごろまでの埋蔵文化財の出土によって古代文化が行なわれていたことを知ることのできる土地になっている。

右の比定がそのまま正しいか否かはさておき、『日本書紀』の記す「神功皇后の三韓征伐」の記事にある地名を、国辱というような偏狭な心を離れ、虚心に現実の地名に比定しようとする韓国の学者の態度には敬意を表したい。

北部伽耶方面をめぐる

筆者は、一九九一年の四月に埼玉・群馬両県の博物館の学芸員の方たちとともに、韓国とりわけ新羅・伽耶の考古学の権威であり、当地の学者諸賢との人脈も豊富な埼玉大学講師の金井塚良一氏の解説・指導のもとに、伽耶の遺蹟と博物館巡りの旅をした。そこで得られた経験と知識をもとに、古代伽耶諸国がどんな国であったか、その復元を試みてみようと思う。

最初に見聞した釜山付近のことは後にまわすとして、まず、一気に北部の大伽耶《テガヤ》方面に行くことにする。一九八八年のソウル・オリンピックの開催を機会に韓国では高速自動車道路網が建造されて、一同は快適なその道路によって釜山市北部の福泉洞《ボクチョンドン》古墳群のある東萊《トンネ》温泉の側を抜け、ひた走りに北上した。洛東江は道路よりはるか西方に当たる。途中、所どころに道幅が二倍に拡張されている直線部分がある。これは、非常事態の際の軍用機の発着に利用させるためであるという。道の左右は低い山地に挟まれたノンビリとした農村地帯で、高い樹木はないが、その季節は桃の花が満開で桃源郷を旅する想いであった。

走り始めて一時間、水晶の加工場のある彦陽《オンヤン》のドライブ・インで小休止すると、やがて慶尚南道から北道に移り、すぐに新羅の古都の慶州《キョンジュ》に入るインター・チェンジにさしかかる。この地は今回の視察の計画に入れられていなかったが、町の中央には古墳公園があり、聖徳大王神鐘・膽星台・雁鴨池などの名勝が多く、付近には南山の石仏や仏国寺に多数の日本人観光客が足を向けている。

慶州の入り口を右に見て車は西に向かい、一時間ほどで大邱《テグ》直轄市に到着する。ここは、四周を山に囲まれたかなり広い盆地にある韓国第三の都会で、夏冬の寒暖の差が著しい大陸性の土地であるという。しかし、東江《トムガン》の流れに守られ、豊臣秀吉の侵略軍の場合も、一九五〇年の北朝鮮軍の襲来の際にも戦火から免れることができたという格別美しい町である。

この辺りは、前に挙げた荒田別《あらたわけ》・鹿我別《かがわけ》が訪れた卓淳（別に喙淳とも書かれている）に比定されている。また、『三国史記』で「達句火」として記されているのもこの地であるという。視察団一向は、この町にある壮大なキャンパスをもつ嶺南《リョナン》大学を訪れ、次いで付近の不老洞《プロドン》古墳群を見て、啓明《ケミョン》大学を訪れ、さらに造永洞《チョンヨドン》古墳群の発掘跡地を見学し、やや東にもどって慶山《キョンサン》の林堂洞《リムタンドン》古墳を参観した後、大邱市にもどり、かつて達西《タルソ》古墳群があったという達西公園で小休憩し、その日を終わった。

韓国では、大学の設置基準として博物館をもつことが義務づけられているというだけあって、祖国の文化遺産に対する熱の入れ方には日本の大学は足元にも近づけないものがある。一同は、嶺南大学の博物館の系統的に並べられた考古学資料の展示に目を見張り、啓明大学でも貴重な資料の数かずに触れることができた。その環頭太刀は新羅の影響が強いものの、三葉文や竜や鳳凰の飾りがついたものは百済系ないし伽耶の特徴をもつと言われている。伽耶の全域にわたって出土する高杯や壷などの土器類には、地域ごとに特性があり、それらがどういう経路を通って日本の須恵器に結びつくかの研究は今後の課題となろう。

こうした埋蔵文化財のうちで、この日の見学者が目を奪われたのは慶山出土の金色に美しく輝く王冠であった。慶山は、『三国史記』で「押督国」と記され、『日本書紀』では「喙己呑」とよばれている場所だという。その地の林堂洞古墳は一九八二年の秋に発掘されたもので、ほとんど盗掘されていない貴重なものである。こういう冠が盛んに作られたのは五世紀後半から六世紀前半とされているが、『三国史記』によると、婆娑王二三（一〇二）年に、押督国は新羅に投降したと記されている。その絶対年代には疑問があるとしても、一つの推定として、押督国王は壮麗な純金製の「山」字型の新羅の王冠に擬して鍍金の王冠を作ったという考えが浮かんでくるし、日本で発掘されている「出」の字型金銅冠（福井県二本松山古墳出土など）の起源は、新羅・伽耶にあると言わざるをえないのではなかろうか。

もう一つ、造永洞古墳で見た竪穴式石室墳は、古い時代の伽耶の墓制の典型で、六世紀ごろから新羅式の横口式石室墳が導入されるようになり、伽耶地方の特性が失われていくということも付記しておきたい。

大伽耶地方と多羅・安羅の地へ

大邱の近くの琴湖《クムホ》に泊った一行は翌日、オリンピック高速国道で西に走った。この道路は忠清北道の大田《デチョン》を経て首都のソウルに達する。大田では、一九九三年には万国博覧会が開かれている。視察団は、大邱の南約四〇キロにある小都市高霊《コリョン》を訪れた。この地こそ、かつて伽耶国連合の中心地であったとされる大伽耶国があった所で、その北西には海抜一、四三〇メートルの伽耶山が秀麗な姿で聳えているのが目に映る。伽耶の古都にふさわしい落ち着いた小盆地である。

今回の視察団は訪問しなかったが、大邱の北西二〇キロほどの場所に「倭館」という所があり、その名前は何となく意味ありげに思える。もしかして「任那日本府」がここにあったのではないかという空想にかられる人もいるかもしれない。また、そのすぐ西に広がる一帯は、星州《ソンジュ》といい、『三国遺事』では「星山伽耶」、『日本書紀』「継体紀」には「伴跛《はへ》」と記されている土地であるが、今回は訪問しなかった。

高霊では、最初に大伽耶遺物展示館を参観した。その量は多くはないが、竪穴式石室の実態が示され、五世紀ころの器台や有蓋長頸壷などを見ることができた。そして一行は、展示館の目の前の丘陵に徒歩で登った。そこには五十余りの底の直径が三〇メートル前後の丸い饅頭型に築かれた池山洞《チサンドン》古墳群がある。それらは土地に住む人たちにとっては祖先の王者が眠る聖なる墓地であり、彼らはけっして墳丘の上に登ったりしはない。

この古墳群は日本帝国の植民地支配時代に、埋蔵物の多くが発掘されて荒廃していたものを、戦後に韓国の人たちの手で復元されたものである。それにしても、小高い丘陵に並ぶ丸い墳墓の列は壮観だった。出土物のうち壮麗な金銅冠などは遠く晉州の博物館に陳列されているが、高霊地区からでた遺物は伽耶国の過去の姿を知る上で最も貴重な資料の一つになっている。なお、この古墳群のある丘陵には朝鮮式山城の石組みが遺されていた。

この池山洞古墳の発掘と資料整備に当たった慶北《キョンブク》大学の尹容鎮《インヨンチン》教授によると、これらの古墳は山の傾斜地の高いところを削って低いところを埋め、石棺・石槨・石室から成る多槨墓を構築して、その上に盛り土し、護石で囲んだものだという。その四四号墳石室は、長さ九・四メートル、幅一・七メートル、高さ二・一メートルもあり、蓋石は五トンくらいのものが一二個あったという。ここで注目

日本列島と朝鮮半島との対比

<table>
<tr><th>日本</th><th>出　来　事</th><th colspan="4">朝　鮮　半　島</th></tr>
<tr><td>弥生時代</td><td>42年ごろ　建国神話によれば、このころ首露王が「金官加耶」を建国。
239年　倭の女王卑弥呼が魏に使者を送り、金印を受ける。邪馬台国へ渡る渡航地として「狗邪韓国」の記述。</td><td>楽浪</td><td>弁韓</td><td>辰韓</td><td>馬韓</td></tr>
<tr><td>古墳時代</td><td>313年 高句麗，楽浪を滅ぼす。
400年ごろ　高句麗が新羅を救援し、伽耶に迫る。
471年※　埼玉稲荷山古墳の鉄剣に「辛亥年」の銘が刻まれる。
479年　加羅国王荷知、使者を送り、南斉から冊封を受ける。
532年　金官加耶国王、新羅に降伏。新羅が金官伽耶を併合する。
541年　百済・聖王を中心にいわゆる「任那復興会議」が開かれる。
562年　大伽耶を始め、伽耶諸国が新羅に降伏。伽耶滅亡。</td><td>高句麗</td><td>伽耶諸国</td><td>新羅</td><td>百済</td></tr>
</table>

※　定説。これより±60年とする説もある。
『朝日新聞』（92.3.16）より転載。

すべきことは、王者の墓には殉死した者の遺体も埋められており、銅製の装飾品や鉄製の武器類が副葬されていたということである。また、この四四号墳の場合、埋葬時期は五世紀後半のものとされ、倭国では「武王」が中国の梁に使いを派遣していたころに相当するという。池山洞古墳からの出土物は嶺南大学などにも保管されているが、横矧板鋲留式短甲などの他の地に見られないめずらしい武具も出土しているという。

高霊の近くの丘には、六世紀後半の横穴式の古衙洞《コワドン》壁画古墳があるが、すでに荒廃しており見学に適しないというので割愛し、一行は高霊の南南西二〇キロほどの陜川《ハプチョン》に向かった。ここは洛東江の支流に面した狭い土地で、近年建造されたダムが水を湛えていた。この地は『日本書紀』に「多羅《たら》」として、『三国史記・地理志』に「大良州」として記されている国に比定されており、六世紀前半に新羅に併合されてからは「大耶州」と名づけられている。

「大良・大耶」という名前から「多羅」を連想するなら、さらに一歩踏み込んで、それは「オオタラシ彦（景行天皇）」であるとか、「オキナガタラシ姫（神功皇后）」の名前に付く「タラシ」という言葉と結びつけ、この地こそ「タラシ族」の発祥地であると擬することができそうである。また、原始的製鉄法で用いられる「タタラ」の語源も「多羅」に求めることができるのではなかろうか。右の想定は、かなりの高い確度で当たっていると思うし、そのように比定する人は多い。

陜川には五世紀後半の玉田《オクチョン》古墳群がある。ここから出土した馬冑は和歌山県の大谷古墳で最初に発見されたものや、その後に釜山の福泉洞古墳で発掘されたものと同じ系統のものであり、さらに埼玉県の将軍塚古墳から見つかったものとも酷似している。こうなると、韓国も日本も北方騎馬民族の

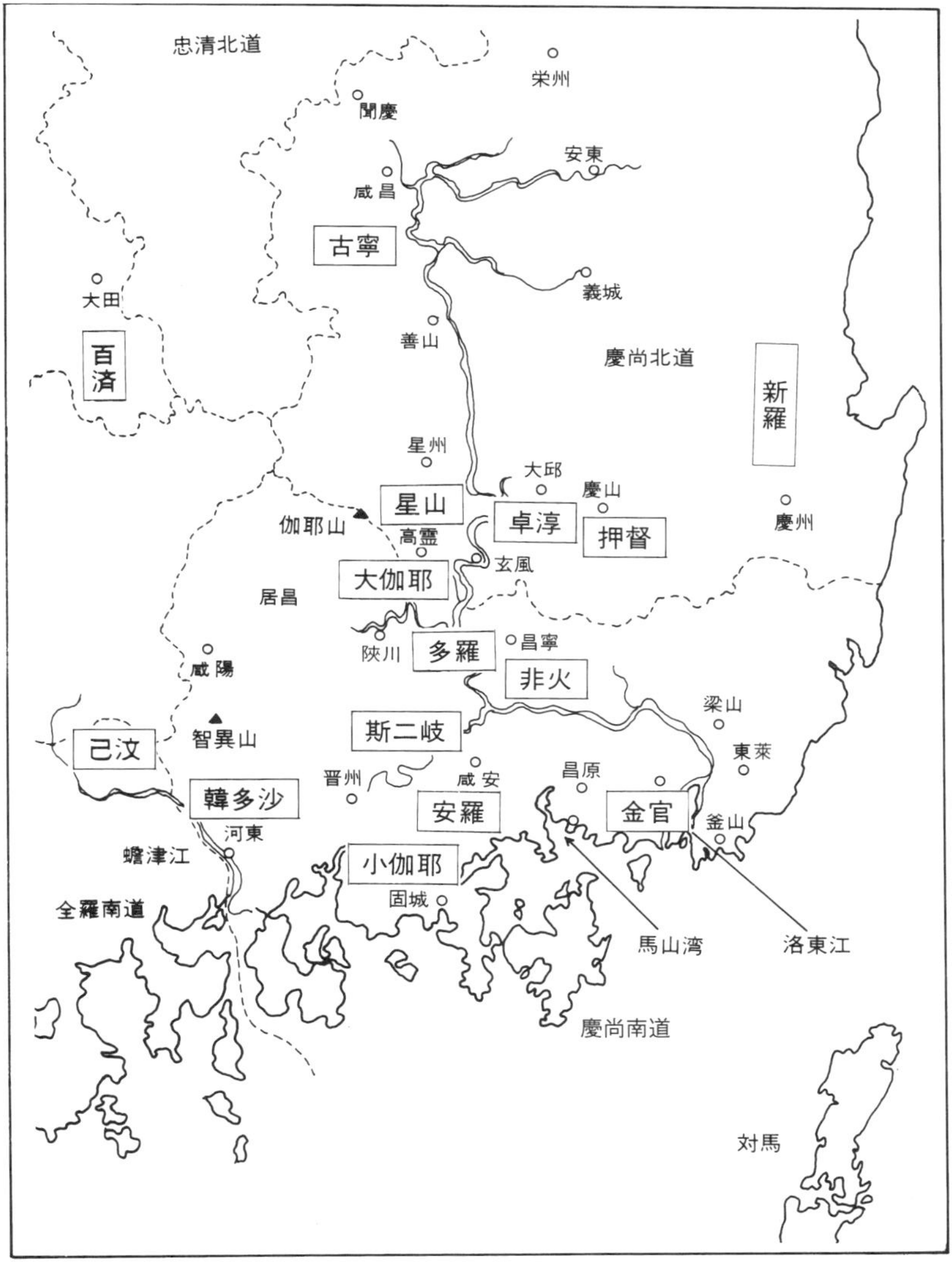

伽耶諸国の概略図（□は国名、○は現地名）

文化を受け入れていたことが証明されたことになり、その伝来の系統としては高句麗→百済→伽耶→日本というコースが当然考えられることになろう。

陜川から黄江《ファンガン》に沿って進路を東に取り洛東江を渡り、大邱・馬山高速道路と接する昌寧《チャンニョン》に至った。ここは、「神功紀」でいう「比自㶱《ひしほ》」、『魏志』でいう「夫斯」に比定されており、新羅の真興王《チンフン》の昌寧拓境碑がある。この土地には校洞《キョドン》古墳群があるが、日本帝国の総督府の手によって遺蹟の発掘が大々的に行なわれ、貴重な出土物は大量に日本に持ち去られている。この小邑にも小さな博物館があった。また、牛に犂を牽引させて農耕作業をするといった今時の韓国にも珍しい閑かな風景にもお目にかかることができた。

昌寧から高速道路を二〇キロほど南下し、さらに西へ一〇キロ行くと伽耶という町がある。このあたりは咸安《ハナン》郡とよばれる豊かな平野で、その昔「安羅《あら》国」があった土地に比定されている。「安羅」という表記は『日本書紀』によるもので、『三国遺事』では「阿羅」と、『三国史記・地理志』では「阿尸良《アシラ》・阿那《アナ》加耶」などと書かれている。

この日は、鎮海《チメ》湾に面する馬山《マサン》（その昔、日本帝国海軍の基地が置かれていた）にでて、そこから海岸沿いにほぼ西に走り、固城《コソン》（『三国遺事』でいう小伽耶、『魏書』でいう古資弥凍、『日本書紀』でいう久嗟・古嗟）・泗川《サチョン》を経て北に進み、晋州《チンジュ》に一泊した。

南伽耶の国

晋州は南江《ナムガン》の流れに沿った美しい町である。しかし、ここでは激しい戦闘が二度行なわれている。

一度は一九五〇年の夏の南北動乱の時で、半島制圧を策した北朝鮮軍を阻止して韓国軍が一カ月の死闘を演じている。もう一つは「壬申倭乱」の際のことで、この時も豊臣秀吉の侵略軍との間で激烈な戦いがあり、加藤清正の部将の毛谷村六助が川岸の巌の上で酒宴を張ったところ、妓女の論介《ノンゲ》に抱きつかれ、そのまま河の中に二人ながら転落死したという。この話は今も韓国では義挙として讃えられ、その現場の直ぐ上には彼女を記念する矗石楼《チョクソンニュ》が建てられている。

われわれ視察団は、晉州城を遠望した後、晉州国立博物館に立ち寄り、前日訪れた校洞古墳の出土物をはじめとする伽耶地方の遺物の数かずを参観した。その広い展示場には、管玉・曲玉などの装身具、馬冑や環頭太刀などの貴重な資料が整然と陳列されていた。

ついで一行は、慶尚《キョンソン》大学博物館に入った。そこには、玉田《オクチョン》古墳など慶尚道西半を中心とし、釜山の福泉洞《プクチョンドン》古墳を含む埋蔵文化財が集められていた。その多くは、伽耶時代のもので、馬冑などの馬具類、刀や釜などの鉄器類、そして各種の土器に目を見張らせられた。とりわけ蒙古鉢型の馬冑は、細長い鉄の竪板をつなぎ合わせて作ったもので、高句麗などの影響が見られるが、北方騎馬民族が伽耶に来ていた明白な証拠である。

また、龍鳳文の付いた環頭太刀や垂耳付きの耳飾などは、三韓地方だけでなく、五～六世紀の倭国でもしきりに用いられたものである。

こうして、伽耶諸国の遺蹟からの出土物が、日本列島の古墳の埋蔵物と同じ系統に属するものであり、しかも、それらが北方騎馬民族系の王族の所有物であったと思われることを確認した一行は、昨日の道を反対に東に辿り、一気に釜山に向かって車を走らせた。途中、金海市ではあたかも駕洛国の始祖首露王の誕生二五〇〇年の祝祭にあたり、街は市民で賑にぎしかった。そこで首露王陵に詣り、王が降臨したという亀旨峯に登った。その裏山からは大成洞《テソンドン》古墳の遺蹟が遠望できた。

一九九〇年までつづけられたこの大成洞古墳の発掘により、考古学界を動転させるような貴重な遺物が出土していたわけである。戦後間もなく江上波夫氏が騎馬民族説を唱えて賛否両論がかまびすしかったが、今回の大成洞古墳の出土物に触れた当の江上氏は、「これこそ騎馬民族説を証明するミッシング・リンクだ」と雑誌『月刊 Asahi』(九一年六月号)で評価している。

江上氏は、われわれが韓国を訪れる一カ月前に現地に赴き、大成洞古墳の発掘調査担当だった慶星《キョンソン》大学助教授の申敬澈《シンギョンサン》氏から詳細な説明を受けたという。それが「騎馬民族説の証拠である」とされるのは、この古墳の二九基のうち二〇基は木槨墓であり、このことは前に説明してあるようにスキタイ以来の騎馬民族固有の墓制だったことが第一の理由である。そして、それ以外にも馬に乗る者にとって必需品である帯鉤だとか、スキタイ人が常に携帯していた銅製のケットル(銅鍑)まで出土している以上、江上氏ならずとも、この大成洞古墳に眠る金官加羅国の王者が騎馬民族であることを疑うことなど、もはや誰にもできなくなったということになる。

なお、話の順序は逆になるが、われわれ視察団が、韓国に到着して真っ先に行ったのは釜山市立博物館であった。そこの展示物は豊富であったが、ごく基本的なものが多かった。そこで、奥の収蔵庫まで参観させてもらった。そういう親切な配慮をしてもらえる点、真理を愛する者への韓国の友好的態度がよくわかる。

次に市内にある慶星大学博物館を訪れ、大成洞古墳の出土物の数かずを見せてもらった。さらに、釜山大学に行くと、われわれが日本でマスコミを通じて知らされた大成洞出土の巴型銅器や青色の管玉などの現物にお目にかかることができた。従来、巴型銅器は日本固有のものとされており、それが朝鮮半島からでたということには、日本の考古学者だけでなく、マスコミまでが大いに驚かされたわけであるが、そのように貴重な資料をこの大学の若い女子研究員の李恵蓮《イヘリョン》さんが、いともさり気なく外来の客に公開してくれたのには感激した。こういうことは権威主義と秘密主義とにこり固まっている、日本の考古学者や歴史学者には絶対にできないことではなかろうか。

ともあれ、民族の歴史的財産についての、韓国の人たちのそれを尊重する姿勢と考古学に対する政府の保護・育成の態度は日本人も心から学ぶべきであると思う。四泊五日の遺蹟と博物館巡りの旅は、日程が立て込んだ駆け足旅行であったため、十分な観察時間がなかったのは残念なことであった。その上、考古学についての素養が乏しい筆者の目には、貴重な資料がもつ意味を十二分には感得することができなかったことも嘆かれる。しかし、日本民族の文化形成にとって朝鮮半島、とくに、伽耶地方が果たした役割がどれほど大きくかつ直接的であったかは、素人にとってもよく理解できた。そのことを実体験することなしに、日本古代史を論ずることがいかに空しいものであるか、ということを知っただけでも大きな収穫であった。

駕洛国とはどういう国か

大成洞古墳群に葬られている物は釜山市の西隣の金海市にあった金官加羅国の王者のものであることは間違いない。では、金官加羅というのはどんな国であったのであろうか？　また、それ以外の伽耶諸国についても、どれだけのことがわかっているのであろうか？

そのことについて検討するには、まず、『三国遺事』に載っている「駕洛国記」の記事を見ることから始めるのが順序だと思うので、その概略を示しておこう。『三国遺事』の巻頭には、各王朝の「王暦」が紹介されている。それによると、前に述べた始祖の首露王はAD四二年に卵から生まれ、一五八年間にわたって国を統治したとされている。姓の「金」は金の卵から生まれたことによるとしている。

第二代以下は、居登王（五五）・麻品王（三二）・居叱弥王（五五）・伊尸品王（六〇）・坐知王（一四）・吹知王（三〇）・銍知王（三六）・鉗知王（二九）・仇衡王（四三）と一〇代の王がつづき、その父母の名前と統治年数が列記されている（（　）内の数字がその年数）。

そのすべてが父子相続となっているが、もし、それが正しいとすると、一代の在位年数が長過ぎると思われる。九代で三五二年ということは、一人平均四〇年在位したことになり、どの王も父が四〇歳前後の時に生まれ、六〇歳ぐらいで即位し、一〇〇歳くらいで死んだ勘定でないと、こういうことにならないからである。それはあまりにも不自然と言うべきであろう。

したがって、最後の金仇衡が新羅王に降伏した五三二年が正しいとすると、『三国遺事』が伝える各王の在位年数を半分として計算し、第二代の居登王の在位は三五五年からということとして、首露王の即位を四世紀前半と考えるのが妥当なところではなかろうか？

「駕洛国記」は、その半分くらいを首露王について割いている。前に紹介した亀旨峯への降臨の後には、興味ある嫁取りの話が載っている。それによると、王に仕える九干（土地の村長）たちは王妃を迎えるように勧めたが、首露王は「自分は天命によって王となった。そこで王妃も天命によって決めたい」と言い、望山島に家来を行かせて待っていると、海の彼方から赤い帆を掲げた船が現われ、そこには一六歳の娘が乗っていた。その娘の語るところによると、彼女は遠くインドの阿踰陀《あゆだ》国の王女で、姓は「許」で名前は「黄玉」であるという。そして、めでたく彼女は首露王の王妃となり、船頭たちは土産物を積んでインドに帰されたという。

この話は荒唐無稽なものとは言えない。それはインドの中北部のガンジス河の上流のウットゥラ・ブランデッシュ州にアヨーディアという国が実際にあり、七世紀に唐の僧の玄奘がその地を訪れ「難勝城」と名づけているからである。Ayodhya という名は『エンサイクロペディア・ブリタニカ』にも古代インドのグプタ王朝の時代の国として載っている。この王朝の最盛期は三〜五世紀である。

しかも、金海の王妃廟の門に付いている一対の神魚像や古碑に刻まれている蓮華模様とよく似た模様がインドのアヨーディアの寺院の塔にも見られるから、万更でもなさそうである。この王妃はしばしば熊を得た夢を見ており、第二代居登王を太子として生み、一五七歳で亡くなったという。

「駕洛国記」には、その他、二代王の時代に新羅が金官城を攻め取り、英規阿干という将軍が淫祀を行なったために祟りがあったので祠堂が建てられたという話であるとか、第八代王が仏教に帰依したというようなことなどが記されているだけで、以下、末尾部分は前に掲げられていた「王暦」を多少詳しくしたような記事があるだけになっている。

つまり、せっかく「駕洛国記」というものが残ってはいるが、そこには王家の系譜と若干のエピソードが記載されているだけで、残念ながらその記事からは駕洛国すなわち金官加羅国の生々しい歴史上の出来事について知ることがほとんど不可能になっている。

ただし、この王国の最後については、『三国史記』によると「仇衡は国を挙げて（新羅に）降伏した」と述べていることから、他の文献の記事も『遺事』の編集の際に参考にされたことは確かであって、まったく根拠の無い夢物語ばかりではないと思っていいであろう。

駕洛国以外の伽耶諸国については、王の名前一つとしてそれを知る手懸りはなく、その全貌に至っては杳《よう》として霧の中に霞んでいる。そこで、駕洛国を含めて「伽耶史の復元」を企てれば、「四世紀の日本史の復元」と同じく決定的なことは言えないことになる。わずかに手懸りとなるのは、『三国史記』に記されている隣国新羅の記事くらいのものである。そこで、微かな期待をもってその作業に取りかかることにしたい。

「新羅本紀」から伽耶国を探る

古代の朝鮮の歴史を知ろととすれば、『三国史記』に頼るしかない。しかし、その三国の歴史のうち「高句麗本紀」と「百済本紀」の内容は、その大部分が中国の史書にでているものを引用して綴り合わせた感じのもので、伽耶についての記事は皆無と言っていい。早い話が『日本書紀』の「継体紀」にある「任那の土地の百済への割譲」という事件についても、その片鱗さえ載せていない。あるのは、高句麗や新羅との交渉と土地をめぐる戦争のことだけである。

ところが、「新羅本紀」となると、さすがに「加耶」との関係があったことを記録している。その最も早いのは、ＡＤ七七年に「加耶の兵と黄山津口（洛東江下流か？）で戦う」というもので、次いで九四、九六、九七、一一五、一一六年にも加耶と戦ったことに関連する記事がある。そして、一〇二年には、音汁伐国（慶尚北道月城郡）と悉直谷国（江原道三陟郡）との間の国境紛争についての調停をもち込まれた新羅が、加耶の首露《スロ》王が最年長だというのでその決裁を依頼したという記事がある。ただし、その後、酒宴の席でトラブルがあり、首露王の帰国の後、新羅は悉直谷国と押督国を併合している。この押督国というのは慶尚《キョンソン》北道の慶山《キョンザン》（大邱の東方で慶州の北方）に比定されており、広義の伽耶に数えられる所で『日本書紀』の「継体紀」に「新羅に取られた」と記されている「任那」の一国であることを記憶しておきたい。

以上は、「駕洛国記」で首露王の在位期間中の出来事ということになるが、この時代の『三国史記』の伝える年代は信用できないが、史実無根とは考えられない。つまり、新羅がまだ「斯盧《サロ》国」といったころから、加羅すなわち金官国との間に絶えず紛争があったという記録は後世まで残されており、それを根拠として金富軾は『三国史記』を編集したものと考えていいであろう。

それ以後についても同様で、二〇一年には加耶国が講和を申し込んだとあり、二〇九年の記事には、「浦上八国が連合して加羅を侵略したので救援の要請があり、新羅軍は八国の軍を撃退し将軍を殺して六、〇〇〇人を捕虜とした」ということが書かれている。そして、二一二年には、加羅は人質を新羅に送っている。

この「浦上八国」というのは、正確には比定できないが、例えば、そのうちの一国と考えられる保羅国と古自国とは慶尚南道の固城（晋州の南東三〇キロ）の周辺にあり、史勿国はその西隣の泗川《サチョン》あたりにあったと考えられている。いずれにしても、「浦」という文字があることから、これらの国は南の沿岸地域にあったと考えざるをえないであろう。

それ以後、「新羅本紀」には加羅（伽耶）に関する記事はまったくでてこなくなり、二百数十年も後の四九六年になって、突然、「加耶から五尺の尾がある白雉を送って来た」ということが記されている。しかし、二〜三世紀に交戦関係にあった伽耶と新羅という隣国どうしの交流が、まったく途絶えるということは考えられない。

その謎は、付録の年表を参照すれば理解できる。前にも見たように、BC五〇年以後、新羅には何度となく「倭人」もしくは「倭兵」が来襲して来ている。BC一世紀に一回、AD一世紀に二回、二世紀に一回、三世紀になると六回、そして五世紀にはなんと一七回にもわたって新羅に対して「倭」が攻め込んでいる。そのうちの五世紀の来襲の幾つかは九州あたりからのものと考えられるが、それ以前の「倭」というのは、伽耶にいた「倭人」のことと考えたい。

もし、その考えが当たっているとすれば、「伽耶史」の内容は不毛ではなく、「新羅との絶えざる交戦の歴史」だったということになる。『三国史記』は「倭人」の来襲とその撃退の事実しか記していないが、実際には、新羅から伽耶を攻撃したこともあったし、また、平和的な交渉も行なわれていたに違いない。そして、六世紀の前半の五三二年に金官加羅国は新羅に降伏したのであるから、国家としての統制は新羅のほうが進んでいたことが想像される。また、伽耶諸国は緩い連合体であり、同盟軍を結成して新羅と戦ったとは思えないため、だんだんと勢力は衰えていったことであろう。

事実、五世紀ごろになると、北部伽耶の出土物は次第に新羅様式のものが増え、悉直谷国・押督国だけではなく、次つぎと新羅に併合されていったに違いない。

このように、加耶には、倭人と韓人が共存しており、隣国の新羅とは何度となく戦火を交えていたことが、はっきりと浮かび上がってきた。

新羅はすでに四世紀後半に国土の統一を完成しており、第二一代の炤知王の治世（四七九―五〇〇）には、高句麗が北部国境をしばしば攻撃して来ている。「百済本紀」にもそれより一世紀も前から高句麗の広開土王による侵略があり、辰斯王が死んだり（三九二年）しているし、以後、百済は倭国と修交に努め王子（後の腆支王）を人質に差し出したりしたものの、高句麗の侵略は止まず、四七二年には魏に使いを派遣して救援を求めている。しかし、高句麗の長寿王《チャンス》は四七五年に百済を攻め、蓋鹵《ケロ》王を斬っている。

また、このころのことは前に見たように、『日本書紀』によると、四六一年には百済の蓋鹵王の弟の昆支が人質として来たとあり、その翌年には呉国（中国の三国の一つであるとも、高句麗のこととも考えられる）に使いを派遣したとしている。さらに次の年、雄略天皇は前に記したように、吉備の上道田狭《かみつみちたさ》が愛していた稚媛《わかひめ》という女を自分のものにしようとして「任那国司に任命した」と記されている。そして、天皇は上道の地を収奪してしまう。

そして、四七七（雄略二一）年には、倭国は百済の王が高句麗によって滅ぼされたことを知り、任那の下哆呼唎《あろしたこり》県の別邑である久麻那利《くまなり》の地（忠清南道の現公州《コンジュ》）を百済に与えて国を復興させたとしている。この久麻那利はスサノオが新羅から倭に移るときの出発地の熊川を連想させるものがある。熊川という地名は、別に慶尚南道の鎮海の近くにもある。そして、百済の文斤王が死ぬと、倭国にいた末多王子を百済に送り、高句麗と対決するということになる。

こうした時期に加耶が新羅に接近して来たのはどういう意味であろうか？

金官加羅国の滅亡の過程

五世紀末から六世紀前半にかけて、百済の王位継承には倭国が大いに関与している。五〇二年には末多王（牟多《むた》王・百済では東城《トンソン》王という）が無道であったので、島（斯麻《シマ》）王が百済の王になった。この王の父は昆支王で、かつて人質として倭国にいたことがあり、倭国の島で生まれたので島王とよばれていた。この王は後に武寧王として高句麗と戦い、これを撃退している。

このように、なぜか倭国は百済を背後から支える政策を採っている。それが極端に現われたのが、前に述べた継体天皇時代の対百済政策であった。すなわち、五〇九年に任那の四県を百済に割譲させ、任那北部の伴跛《はへ》国を憤激させている。

こうした時期に「新羅本紀」によると、五二二年、加耶国王が新羅に花嫁を求めて来たのに対して新羅がこれに応じたことはすでに述べた。そして、その一〇年後に、金官加羅王の仇亥（「駕洛国記」では仇衡）は王妃・三王子とともに新羅に降伏して来たという。新羅王は、それを許して礼式に則した待遇をし、彼らには本国をその食邑として与えている。つまり、金官加羅という国は消滅し、新羅の一部となり、元の王はそこからの収穫を食い扶持として与えられ、新羅に臣従したことになる。

このあたりの事情を、『日本書紀』の記述とおりに解釈すると、倭国はもともと任那を植民地同然のものとして支配しており、その土地の一部を分割して百済に与える権限をもっていたことになる。そして「任那日本府」というのは、あたかも朝鮮総督府のように任那すなわち伽耶諸国を監視し統治する行政機関であったかのような印象を与える書き方になっている。

また、高句麗の侵略に悩む百済に対しても、人質を受け入れ、百済の王が死ぬと日本にいた百済王室の王子を送り込み、王位継承を左右しているかに見える。このことは、後にも繰り返される。六三一年、百済の義慈王は王子の豊璋を人質として倭に送っている。

ところが、高句麗では六四二年、文武の実権を握る莫離支《まりき》という職にあった淵《チョン》（泉）蓋蘇文《ゲソムン》が栄留《ヨンリュ》王を殺したので、それを口実として唐は高句麗征伐を決意する。新羅はその機会に乗じ、唐との連合軍を結成して百済を攻めることになる。そこで、近江の天智王朝は百済から人質として預かっていた豊璋を送り返し、援軍を送って百済を支えようとする。

そして、有名な白村江《はくすきのえ》の戦いによって百済と倭の連合軍が大敗してしまう。その結果、百済からは王族を含め多数の亡命者が倭国にやって来て、近江王朝の要職につき、官人は彼らによって占められることになる。そして、国号は日本と改められることになる。

このへんの事情を伝える『日本書紀』の書き方は、百済からの亡命者の手によるものであるから、「新羅憎し」の執念によって固まっている。そのことは、近江の天智王朝がそもそも何故に百済王朝を支えようとしてきたのかを説明しなくては理解できない。それはなぜなのであろうか？

また、「任那」をあたかも日本の属領のように扱う記事には、何がしかの根拠があるのであろうか？　それについて、ただ「それは日本帝国主義による歴史の歪曲に過ぎない」と言うだけでは答えにならない。『日本書紀』は一二〇〇年以上前の作品だからである。しかし、五〜六世紀の時点で、ヤマト王朝が実質的に任那すなわち加耶を支配下に置いていたとは考えられない。その実態は、ここでは不明ということにしておく。

右の事情を「新羅本紀」は詳しく伝えている。それによると、金官国の降伏後も、五五四年には百済は加良（羅）と連合して新羅を攻撃してきている。そこで、五六二年の加耶の反乱を機会に新羅はその全面制圧をはかり旧伽耶諸国をほぼ平定・統合してしまう。このことがあってから、新羅と百済の関係は悪化し、両国の衝突が始まったのは六二四年からのこととしている。この時は高句麗も新羅の敵となった。

そして、新羅の勇将で金官加羅国の王族であった金庾信《キムユシン》は奮戦して高句麗軍に大勝している。ところが、六四二年、高句麗・百済連合軍によって旧伽耶の中央部の要地であった大耶州（陜川《ハプチョン》）を取られるという危機に際し、王族の金春秋は高句麗へ使節として派遣されるよう王に乞い、決死の覚悟で新羅への支援を求め拒絶されると、今度は唐に使者として赴き高句麗討伐を願いでたが、唐の和解案は高句麗に拒否された。さらに春秋は六五七年には倭国にも来ている。それは何やらの工作を目的としたものらしい。

この金春秋は六五四年、武烈王として即位し、翌年、ようやく宿願の唐・新羅同盟が成立すると、六六〇年には百済を全面攻撃して泗沘《サビ》城を陥落させ義慈《ウイジャ》王を捕虜にした。そうして滅亡した百済に対して、倭の近江王朝がその復興をはかり白村江に出兵し、失敗したのであった。

以上の経過が意味するところは何であろうか？　何故、倭国は滅びゆこうとする百済に肩入れをしなくてはならなかったのであろうか？　これらの疑問については、第七章であらためて考えることにしたい。

第六章　日本と朝鮮の歴史の復元

文明以前の日本列島

　これまで、世界史の視点から、中国や朝鮮半島の古代の歴史について調べてきた。そこで、いよいよ日本列島の歴史がアジアの歴史全体の中で、どのように成立してきたかを考察しなくてはならなくなってきた。

　日本列島が大陸と地つづきだった旧石器時代のことはさておき、一万年もつづいた縄文時代の日本列島には、どういう人たちが住んでいたのだろうか？

　日本人の幼児の九九％は、お尻に青い色素がついており、それを蒙古斑とよぶことは有名になっている。このことは、古代の日本列島の住民の主流がモンゴロイドであったことの証拠とされている。

　先史時代のうち、縄文以前の無土器時代の列島先住民の遺蹟からでる人骨は数も少なく、それが今日の日本人と直接つながるものか否かは不明であるので省略するとして、縄文時代人の出土する骨は弥生時代人のものと比較して身長は短く、頭骨の前後・左右の比率は中頭型で、弥生時代以後になると長頭型の比率が高くなるなど、大陸とりわけ朝鮮半島のものに近づいてくるというような事実が指摘されている。

さて、一九九三年は国際連合の「国際先住民年」であるというので、日本からはアイヌの代表が出席しているが、縄文時代の日本列島には、その人口に占める比率はともあれ、広く現在のアイヌの先祖たちが住んでいたことは確実と思われる。そのことを物語るものとして、九州を含め日本列島各地にアイヌ語と思われる地名——例えば、「滝のある川」を意味する「ショウナイ（庄内）」や「川尻を表わすベップ（別府）」などの地名が各地に分布していることが挙げられる。そのことから、縄文時代人とアイヌとがただちにイコールではないとしても、両者の言語には共通の部分が多かったであろうをことは否定しがたい。

また、現代でもごく少数東北地方にいる「マタギ」とよばれる狩猟民の言葉と、アイヌ語とはかなり一致していることも、この見解を支持しているように考えられる。ところが、アイヌの幼児には蒙古斑は無く、この点、少しく裏切られたような意外な感じがしないでもない。

一方、日本列島の南側には広く太平洋や東シナ海が開け、海洋系の人たちが自由に出入りできたから、われわれの祖先に海人の血が色濃く混じっていることは容易に想像できる。まして、最近の研究によると古代人の航海技術は予想以上に優れており、数千キロの海を星を頼りに往来できたことが証明されている。そして、ハワイなどのポリネシア語には日本語と同じ単語——例えば、「ありあり」、「はらはら」といった形容語や「おとと（魚）」や「がんばれ」のような掛け声など——があり、五母音型の発音の癖は明らかに南方系である。

『記・紀』に記されている「軽野」という名の船は、海洋学者の茂在寅男氏が説くようにポリネシア語のカヌーであることは明らかだし、「安房・美保」などの地名の由来も南方海洋系のものである。また、大国主の神に救われる因幡の白兎と鰐との話や「龍宮伝説」などの話のモチーフは南方に由来しており、これと似た数多くの民話がインドネシアなどに伝えられている。そして、縄文・弥生遺蹟の人骨に抜歯の跡が指摘されているが、これもまた南方の人たちの習慣である。

ところが、民間の年中行事や習慣には中国の雲南省などの照葉樹林帯のものと共通するものが広く普及している。神に餅を供えたり、チマキを捧げることも、鵜飼いをすることも、若者宿で集団生活をすることも、すべてこの地域の習俗である。彼らは山を焼き、畑を作り雑穀や芋類を栽培している。近年まで、日本各地で焼畑農業が行なわれていた。

そして、伊勢神宮の社殿に採用されている棟持柱の木造建築はアジア大陸の南東部から伝えられたものであり、銅鐸の紋様になっている高床式住居の起源も同様である。

このように見てくると、日本列島の縄文時代の原住民はアイヌの祖先と太平洋諸島や東南アジアの人たちであり、それに末期に照葉樹林地帯の焼畑農業文化をもつ人たちが加わったものであり、その文化様式は深く列島住民の心に定着し、今日に至るまで尾をひいていることがわかる。

海の彼方のニライカナイから幸いをもって来る客人は「まれ人」といって歓迎された。優れた外来文化の受け入れには寛容であり、金属器と稲束を持参した弥生人は無抵抗で本土上陸に成功したことであろう。それは、黒船の到来を迎えた幕末の日本人と同じであり、占領軍に手を振って笑顔で歓迎した敗戦日本人の心と共通するものがあったと言っていいのではなかろうか？

また、縄文人たちは理屈よりも気分を重視し、アイマイのうちに以心伝心で了解し合い、熱し易く冷め易いなどという日本人の民族性なるものは、このような異種文化との接触によって作られたものだと言うことができるであろう。

したがって、日本人は「産みの親より育ての親」であるとか、「もの言えば唇寒し」とか「長いものには巻かれよ」などということを平気で言う。これは、あながち封建時代につくられた習慣なのではなく、もっと古い縄文時代以来の習性だったのではなかろうか？　アイヌは争いを好まず、海人・山人も自然に身を任せることを生き方の知恵としているからである。

こういう生活意識こそ日本列島に生きてきた人たちの伝統的なもので、およそ宗族制度とは無縁であり、合理主義・個人主義とはかけ離れたメンタリティを示している。こういうことは、大陸内部でたえず異民族と戦ってきた中国人や朝鮮・韓国人には理解できないことであろう。

つまり、日本的伝統というものがあるとすれば、それは外来者は無条件で歓迎し、その文化のもつ精神や趣旨については理解しようとはせず、その形式とそれがもたらす効用だけを受け入れて自分なりに消化して利用するということなのではなかろうか。

倭人と弥生文化の形成

ＢＣ三世紀ごろからＡＤ三世紀ごろまでを一般に弥生時代とよんでいる。そして、その前後で、日本列島の文化は明確な違いを示すようになる。

人種構成的にも大きな変動があった。ＨＢ抗体の型による分類では、現在、沖縄以南はほぼ一〇〇

%南方型になっており、朝鮮半島からシベリア方面では一〇〇%近くが北方型に数えられている。ところが、日本列島内部では北九州から瀬戸内・近畿地方には北方型が圧倒的に多いのに対して、本州で南方型の比率がいちばん高いのは秋田県ということになっている。縄文時代の列島住民については確定的なことはわからないが、かなり南方的比率が高かったはずである。

このことは、朝鮮半島から北方型の人が大量に入って来たため、南方型の縄文人は薩南諸島以南と東北方面に追いやられて行ったことを示している。そして、稲作文化は急速に列島の全地域を農耕可能地域として普及していく。

しかし、誤解してはならないことは、稲作は縄文時代から行なわれていたもので、けっして弥生人によってもたらされたものではないということである。弥生人が縄文人に教えたことは、組織的な開墾と金属器による整然たる高能率耕作法だったはずである。それ以前の農法は、焼畑による陸稲栽培と氾濫原への直播栽培であったことであろう。弥生文化が革命的だったのは稲作の技術革新であり、もう一つは、それを可能とする指揮・命令系統の樹立、すなわち階級制度であったと思う。つまり、長老が氏族の集団を統率し、氏族が連合して部族が作られ、やがてそのリーダーが地域を支配する権力をもつことにより、小国家が組織されることになる。この方式は、金属器の使用とともに畦・溝の整備や高度耕作法の採用を可能とし、農業生産を飛躍的に向上させたわけである。

ところで、日本列島にこのような革命的変化をもたらしたのは、倭人であったのか、それとも韓人であったのであろうか？　大きな人種的な変化が日本列島内部で生じたのであるから、弥生時代の渡来者の相当多数は北方型のＨＢ抗原をもつ者であったはずである。したがって、韓人が含まれていたとしないわけにはいかない。しかし、縄文時代にも倭人は日本列島の海岸地帯には、かなりいたと思われるし、朝鮮半島の南部にも相当数の倭人がいたことはすでに論じてある。彼らのＨＢ抗原の型は、旧来の縄文人に比較すれば、かなり北方的要素が強かったことであろう。

しかし、遺伝などの体質的要素にだけ頼る方法によって民族のルーツを探ることには限界がある。やはりそれには文化的な面からのアプローチが基本的に重要である。そもそも倭人と韓人はどのように違い、彼らはもともとどこにいて、どういう機会に日本列島や朝鮮半島南部に住むようになったのであろうか？　その点を無視すると、韓民族は太古の昔から朝鮮半島に住んでいた純血民族であるとか、倭人は日本列島固有の民で、弥生文化を学んだために縄文人を制圧できたのである、というような粗雑な見解に陥ってしまう。

そのことについては、倭人も韓人も、ともにオリザ・ジャポニカ種の「稲作」をする点から、そのルーツを探索すると、中国の雲南から長江の下流域が浮かんでくる。そして、長江の下流ということになると、前に見たようにＢＣ五～六世紀にその地には「呉」と「越」という国があり、「呉」は国が滅ぼされて民が追放されているから、それが稲の種をもって九州と南朝鮮に渡って来たという事実は確実にあったと考えられる。呉も越も海人系であったし、倭も海人系なことは確実とすべきではなかろうか？

もちろん、中国人が「倭」という文字で表わした対象は、呉系の海人だけであったとは限らない。もっとラフに「漁業をする東夷の海人」といったものであったとすべきであろう。

韓人も同様で、倭人のようには海人という要素は乏しいが、『魏志』には「鬼神を祀る」とあるように、現代のムーダンに通じる呪術信仰があったことから、中国の道教の影響がかなり強かったように感じられる。日本が、西アジアからの海岸沿いの東回りの民族移動の終着駅であるとすれば、朝鮮半島は陸地伝いの移動の終点ということになるであろう。どちらも、古代に関するかぎり「人種の坩堝」とか「民族の吹き溜まり」とかいう表現にふさわしい場所にある。

そこで、端的に言うならば、韓国という名前の国が戦国時代の中国にある以上、その国からの移住者も当然いたであろうし、『魏書』に「秦の遺民が馬韓の東に移り住んだ」と記しているのであるから、その系統の人たちも韓人に含まれるし、北の高句麗系も入って来たことであろう。

倭と朝鮮における国家の形成

さて、日本と朝鮮半島における国家の形成はどうなっているのであろうか？ すでに見たように、朝鮮半島では、「古朝鮮」の伝承があるし、「箕子朝鮮《キジャチョソン》」という国があったというが、史実として確認されているのは「衛氏朝鮮《ウイジチョソン》」以後ということになる。そして、その成立時期はBC二世紀のこととされている。しかし、青銅器文明はそれより数百年前に用いられているので、都市の発達もある程度行なわれており、その統治組織としての原始的国家があったことは当然考えられるであろう。ただし、朝鮮が民族として成立していくための前段階としての意味からすると、前漢帝国がBC一〇八年に建てた楽浪などの四郡の重みが重要になってくる。

と言うのは、これによって朝鮮半島で異民族の支配が始まり、七世紀の後半に統一新羅が成立するまで、常に、朝鮮は異民族の脅威にさらされており、そのことが逆に民族意識を強固に育て上げるモメントとなったと思われるからである。

そして、西暦紀元前後になると、北から侵入して来た夫余系の騎馬民族によって高句麗国が建設され、やがて半島の南半分には、地域ごとの小さな部族国家群が数多く生まれ、三世紀半ばには『魏志』に記されているような「三韓」の鼎立する時代となる。やがて、四世紀の後半になるとそれらは百済・新羅という古代国家によって統合されていくが、弁韓だけは統合が緩やかであり、六ないし七の伽耶諸国が分立したままの状態であった。

一方、日本列島の場合は、『漢書』にあるように、ＡＤ一世紀には百余の部族国家が乱立していたが、三世紀には、それらの間に統合の気運が生まれ、邪馬台国を盟主とする国家連合が誕生しようとしていた。これらの小国家の王は、倭人ではなく、朝鮮から渡来した征服者であったということを指摘しておくべきであろう。そして、ヤマト王朝が成立したのは、オオタラシ（大足）彦による各地の征服がほぼ完了する四世紀後半のことと考えられる。それ以前の「崇神王朝」などは支配範囲の狭い地域的な王国であった。五世紀になると、中国に対して新国家の成立の承認を求めるまでになる。

伽耶諸国の動き

弁韓とよばれた地域には、小国家が並立していたが、それらの国ぐにについては『三国史記』の「新羅本紀」に断片的な記述があるほかには、まとまった歴史の資料はなく、『日本書紀』に記されている「任那」関係についての記述からある程度の事実を引きだすことができるだけである。

ただし、一つだけ例外があり、中国の『南斉書』に四七八年に「加羅国王の荷知が輔国将軍・本国王」という冊号を受けているという記事がある。この荷知王とは「駕洛国記」にある銍知王（四五一～四九二）のこととも思えるが、北部の高霊にあった大伽耶国の嘉悉王であるという説もある。そのどちらと解釈するかによって伽耶の歴史の動きについての見方も分かれてくる。というのは、伽耶諸国には二つのリーダー国があり、その勢力争いが行なわれていたと推測されるからである。その一つは、南の金海にあった金官（駕洛）国で、もう一つが北の大伽耶国である。

元慶北大学教授の李鍾恒氏によると、『東国輿地勝覧』という書物の「高霊の条」には、この地について「元は大伽耶国なり。開祖始伊珍阿鼓《イジンアシ》（一に内珍朱智と云う）より道設智王に至るまで凡そ十六世・五百二十年、新羅真興王これを征服し、その地を大伽耶郡とす」とし、その注に「建国神話」を掲げ、金官の首露王とこの伊珍阿鼓はともに加耶山の神の正見母主が天神の夷毗訶に感じて生んだ兄弟であったと記している、という。その真偽はさておき、ここに示された年号から計算すると、この兄弟が生まれたという年はＡＤ四二年に当たり、「駕洛国記」の首露王の降臨の年と一致している。李は、この伊珍阿鼓とは発音上の一致を根拠として、日本の国土を生んだ神のイザナギのことであるとしている。

ところで、前に紹介した朴炳植氏によると、大伽耶は「上伽耶（ウガヤ）」とも呼ばれ、「日輪信仰」が行なわれ、伽耶諸国の盟主だったが、次第に「熊信仰」をする百済によって勢力を奪われ、やがて南部の咸安にあった「下伽耶（アラカヤ）」である安羅国にその地位を脅かされるようになった、としている。そして、祖国を失って帰れなくなった「ウガヤ」のことを日本神話では「ウガヤフキアエズ」として記し、その子孫が天皇家を開き、これと対抗した熊襲とは、熊信仰をもつようになった

「アラカヤ」の分身であるという興味ある説を述べている。

また、一部民間史家が研究しているものの、偽史として顧みられないでいる『上記《うえつふみ》』であるとか富士山麓に伝えられる『宮下文書』などには、「神武天皇」に先立ち五二代にも及ぶ「ウガヤ王朝」があったとしていることにはなんとなく興味がひかれる。

ところが、考古学上の出土物の検討からの知見によると、伽耶諸国の中心的存在は五世紀には南部にあったが、六世紀になると北部にそれが移るとされているし、『三国史記』で「伽耶」とあるのは四八一年までは金官のことをさし、それ以後は北部の大伽耶のことをいうというのが通説のようであるから、そのことは、朴氏の見解とどうつながるのかという疑問が残る。

そこで、『日本書紀』の「神功紀」にある「荒田別・鹿我別などの遠征」を史実であると仮定し五世紀のことと考え、六世紀の「継体紀」にある「伴跛国の離反」の記事と結びつけて考えるとどうなるであろうか？　高句麗の南進によって圧迫され四七五年に都を熊津《ウンジン》（公州《コンジュ》）に遷した百済は、領土の進展を東隣の伽耶の地に求めたことであろう。五世紀末に新羅と戦っているのは、そのことの表われと言えそうである。伽耶諸国を「父祖の地」と考える倭国としては、継体王朝が四邑を百済に分ける政策を進め、新羅を牽制する行動をとったとしても不自然とは言えないであろう。また、そのことを百済の東隣で伽耶北部の伴跛国（現星州）が怒って倭国から離反したというのも、地理的事情から理解できると思う。

「新羅本紀」の二〇九年の条に「浦上八国、謀りて加羅を侵す」とあるが、その国の所在地が晉州と金海の中間にある海人の国であるとされている。そして、しばしば新羅を侵略したと記されている

「倭人」とは実は「浦上八国」の海人であったとすれば了解しやすいと思う。恐らく彼らは伽耶の王族が海を渡って九州に進出するのを助けたものと考えたい。と言うよりも、海人族の協力無しに内陸にあった国が九州に移動することなど考えられないと言うべきである。

伽耶諸国については、現在も韓国の考古学者の手で遺蹟の発掘や資料の整理が進められているし、文献の解釈についても、『日本書紀』の記述についても、日本の学者のように頑なに拒否したりするのではなく、客観的態度を堅持する学風になっているから、今後とも新しい研究成果が現われてくると期待しても裏切られることはないと思う。

伽耶族は海を渡ったか?

紀元二世紀の朝鮮半島を展望すると、夫余系の騎馬民族である高句麗王朝はまだ鴨緑江の北の中国東北地方にあり、半島の北半では、西側は中国の楽浪郡（BC一〇八年設置）に属して直轄領となっていた。また、東側には北半には東沃沮や濊族が住んでいた。そして、南半には馬韓・辰韓・弁韓の三韓国がそれぞれ数十の小国の連合として存在していた。洛東江流域には、伽耶諸国が成立していた。

この構図は、魏使がやって来た三世紀の半ばにはいくらか変わる。というのは、二世紀末には後漢王朝は衰微し、戦乱の世となり、二〇二年に滅亡したからである。かくて、魏・呉・蜀の三国時代となる。それとともに、遼東にあった公孫氏は、二〇四年には勢いを増して朝鮮半島に進出して楽浪郡を滅ぼし、ソウル付近に帯方郡を設置して一帯を制した。また、高句麗も勢力を伸張して半島北部方面までに侵入していた。

つまり、二世紀後半から三世紀前半にかけての東アジアは戦乱の時代であったことになる。『後漢書』には、「倭国大乱」があったと記しているし、『魏志』でも「桓・霊の間、倭国大いに乱れ、更々攻伐し、歴年主無し」と記しているように、この時期には中国・朝鮮・倭国では軍事的緊張下にあったとともに多数の人が相互に往来していたことがわかる。

日本列島では、すでに一世紀には百余の小国家があったことは『漢書』の記事だけでなく、北九州の博多湾周辺から内陸地帯にかけて多くの墳墓や住居跡が発掘されていることからも確認することができる。しかも、その出土品を見ると小規模ながら王族が支配する国家と言える権力組織が成立していたことがわかる。

これらの小国家を建設したのは、それ以前から日本列島に住んでいた人たちの中から、富を蓄えた者が武装して地域を支配するようになったのではなく、海を渡って進出して来た勢力によって国家組織が創設されたものとしなくてはならない。それに先立つ弥生文化については、朝鮮半島で行なわれていた稲作や金属器具作製技術が、長身・短頭の人たちによって日本列島にもたらされたことは衆人の認めるところとなっている。それならば、一世紀ごろに小国家を作ったのも、朝鮮からの渡来者であったと考えることはごく自然だと思われる。

しかし、すでに見たように、日本列島内の金属器や墓制などは朝鮮南部——とりわけ伽耶地方のものと関連が深く、天皇家の祖先を含め諸豪族の祖先が半島出身と考えざるをえない。とりわけ、江上波夫氏の「騎馬民族征服説」は有力で示唆的なものと言えるのではなかろうか？　こうした意見を積極的に否定する根拠としては、「大嘗祭は農耕民族のものであり、騎馬民族系ではない」などいろいろと説かれているが、その多くは「日本固有の文化」という幻に固執する心情的なものに限られるように思われる。しかし、このことを文献資料ではもとより、考古学的にも「渡来国家説」を完全に立証することは困難とされている。

とは言うものの、一九〇〇年に発掘された金海の大成洞古墳からは、「日本固有」とされていた巴型銅器や管玉も出土しており、さらに環濠集落まで見つかっている。発掘を指導した申敬澈教授は、「自分は江上説について批判的賛同者である」と明言しているように、伽耶（この場合金官加羅国）の王族が遠く北東アジアにつながる騎馬民族の出であることは、もはや否定したくとも無理であるという段階にきているものと考えたい。

そこで、「渡来王朝説」の本格的な証明をまって時を空しくするのではなく、「西暦紀元前後に、騎馬民族である伽耶諸国の王族が、稲作農耕を行い渡海技術をもつ倭人集団を率いて、日本列島に渡来した」という前提に立ち、「各地の伽耶系集団が時期を異にして段階的に日本列島の諸方面に展開して行った」という想定を、具体的な移動経路を示しながら仮説群として描き上げてみたいと思う。

伽耶族の渡来のシナリオ

北九州の博多湾岸一帯は「弥生銀座」とよばれるように、早くも西暦紀元前から水田稲作が行なわれており、金属器の使用も全国で最も早かった。しかし、そこに初期の王国が建てられたのはＡＤ一世紀ごろのことと思われる。それは、朝鮮半島から船団を組み、騎馬系民族である伽耶の王族を指導者と頂く武装集団であったはずである。この新規の渡来者たちは、それまで農耕や漁業を営んでいた先住弥生人たちを征服して臣下とし、政治権力組織を樹立したことであろう。

こうして、東松浦半島の付け根の唐津平野から博多平野周辺にかけて四～五の小国家群がつくられたと思われる。これらの、小国家郡は相互に連絡はあったとしても、それぞれ独立した存在であり、環濠住居跡が示すように相互の戦闘行為もあったことであろう。したがって、それらの列島渡来も一挙に行なわれたものではなく、時期を隔てて順次に実現したものと考えざるをえない。では、何時ごろ、どの小国家が日本列島のどこに渡来し、何という国を建てたのであろうか？　それを推定することはできないであろうか？

ここで問題になるのは、彼らの渡海能力でなくてはならない。三世紀の南朝鮮の全羅南道・慶尚南道の海岸地帯には浦上八国というのがあったが、それらの海人氏族は朝鮮・対馬海峡の彼方と絶えず往来していたに違いない。ということは、九州にいた安曇海人族や宗像海人族にしても同じことで、それぞれ朝鮮南部の浦上八国のどこかと交渉をもっていたと考えていいと思う。

そうなると、伽耶諸国が海を渡って日本列島に行こうと思えば、浦上八国のどれかの海人族との連合を組んだはずである。そこで、六伽耶国が海人族をそれぞれ選んで順次渡来したものと仮定し、そのあり方を思い切ってモデル化・シナリオ化した仮説を立ててみよう。

①　大伽耶《ウガヤ》（高霊《コリョン》）＋安曇《あずみ》海人──→奴《な》国（博多湾→豊前中津）

②　卓淳《とくじゅん》（大邱《テグ》）＋宗像《むなかた》海人──→末盧《まつら》国（唐津湾→神湊《こうのみなと》）

③　伴跛《はへ》（星州《ソンジュ》）＋大山祇《おおやまつみ》（和多志《わたし》）族──→投馬《とま》国（九州東岸・瀬戸内の大三島）

④ 多羅《タラ》（陜川《ハプチョン》）＋住吉海人──→伊都国《いと》（博多湾と下関海峡）
⑤ 安羅《アヤ》（咸安《ハナン》）＋和珥氏《わに》──→出雲《いずも》など日本海沿岸
⑥ 金官《キムクワン》〈狗邪韓国《クヤハン》〉（金海《キメ》）＋宗像《むなかた》海人の傍系──→狗奴国《くな》（有明海）

ざっと、こんな組合せが考えられる。もちろん、他の組合せもあるであろう。

ウガヤ「天神族」の建国

そこで、さらに踏み込んで、彼らの渡来順序と、その時期について考えてみよう。

最も早くやって来たのは、①と②であったと思う。その時期は、恐らく西暦紀元前後、伽耶諸国としてはいちばん百済の近くにあり、同族の上に立つという権威意識も強い反面、内陸から南の海にでようとする積極性をもった王族は、郎党を率いて海を渡ったと思う。

①の大伽耶（高霊）の地は「ウガヤ」と呼ばれ、その王族の一人が「辰王」第一号となったと考える。彼らは「日輪信仰」をもっていたものと思われる。そして、西暦紀元前後、一族郎党を率い洛東江の水運を利用し半島南岸に出、浦上八国の海人族の一つを選び軍団の輸送を委託したに違いない。

その相手は、博多湾にも根拠地をもっていた後に安曇氏となる一派であったに違いない。

安曇族は古代最大の海人族で、海岸沿いに各地に展開している。近江の琵琶湖に注ぐ安曇川《あど》、東海の渥美《あつみ》半島、信濃川を遡った安曇野《あずみの》、福島県の安積《あさか》などは安曇族の進出した地方である。また北アルプスの穂高岳の名前も彼らの祖先と伝えられている穂高見命の名に因んでいる。

この海人族と同盟した「ウガヤ」の王族は対馬・壱岐を経て九州の博多湾に上陸し、そこに「奴国」を建てたものと推定する。大伽耶から来た王族が九州に上陸したことを『記・紀』は「天孫降臨」として描いているとしたい。と言うのは、博多湾のすぐ後には日向峠があり、正面の山は高霊にあった伽耶山と同じく可也山と名づけらているからである。彼らは、博多湾岸の平野部の最高の土地を占め、すでに水田稲作農耕を行なっていた人たちを統合して王国を建設した。

そして、ＡＤ五七年には後漢に朝貢し、金印を授かっている。その金印は志賀島から発見されている。福岡市博多区の須玖岡本遺蹟は「奴国」のものであるというのが定説となっている。ただし、これは「ウガヤ族」のものというより、彼らを運んだ安曇族の建てた「奴国」の王族のものであろう。

その後、「ウガヤ族」はさらに南下して内陸に進み、筑前甘木周辺を支配下に置き、その地に宮殿を建設したはずである。一九九二年に発掘された甘木市の平塚川遺蹟は面積三・六ヘクタールほどあり、五重の環濠をもった住居跡が発見されている。これこそ「ウガヤ族」の王の宮殿があった跡地であろうと思われる。

ところで、甘木地方には安川が流れている。彼らはこの河原で神祭りをしたり同族の会議をしたりしたはずである。その川のことを『記・紀』は「天の安川」として記しているが、そして、この地域こそ、「記・紀神話」の「高天原」であると同時に「第一次邪馬台国」であったと考えたい。

宗像海人族の勢力の展開

①と相前後して洛東江に沿って南下し、同じく半島南部に根拠地を有していた海人族の一派――後に宗像族となる氏族が、伽耶諸国のある一族と結んで、北九州に王国を建設したことは確実である。

宗像族は安曇海人族と対抗できる実力をもった海人族で、そのうちの一派は現在の玄海町の神湊《こうのみなと》に根拠地を有していた。この港は、朝鮮半島から対馬・壱岐を経て東に進路を取り対馬海流に任せて九州を目ざすと自然に到着する所で、この航路は「海北中道」と呼ばれていた。

この神湊には宗像神社の「辺津宮」があり、そのすぐ前の大島には「中津宮」、はるか沖の島には「奥津宮」がある。では、宗像海人族が運んだ伽耶族はどこから来たのであろうか？　それはにわかに決定はできないが、一応、高霊の東の大邱にあった卓淳国あたりが有力候補であったと考えたい。それは、物部氏の祖先であったのではなかろうか？

と言うのは、神湊のすぐ東の遠賀川の河口付近には、物部氏の一族が根拠地を築いていたことが鳥越憲三郎氏の研究で指摘されているからである。そこで、物部氏のルーツについては、後にあらためて考察することにしたい。

では、宗像氏が建てた国は、『魏志』が掲げる邪馬台国の旁国のうちのどの国であったであろうか？　その答えは、「末盧国」であったとしたい。一般には、「末盧国」は肥前（佐賀県）東松浦半島の唐津湾岸にあったとされているが、宗像族は壱岐の島を支配しており、そこから南の唐津と東の神湊の両方に根拠地を有していたと考える。因みに、神湊のすぐ西の海岸は松原といい「末盧国」にふさわしい名前をもっている。

なお、宗像海人族はもう一カ所、筑後川下流域に根拠地を有しており、有明海をも支配していたと思われる。このあたりには三潴《みつま》郡があり、邪馬台国の旁国としては「弥奴国」があったと思われ、その国の王者のことを『書紀』は「水沼君」と呼んでいる。と言うのは、『日本書紀』にはアマテラスとスサノオが身の潔白の証しのために誓約《うけい》をしたとき、「三女神」が生まれたという話が載っている。この「三女神」とは宗像神社の祭神のことであるが、「三女神を以て宇佐嶋に降居《あまくだ》りまさしむ」としたつづきに、「これ筑紫の水沼の君がいつく神なり」としているからである。

多羅と安羅からの渡来グループ

筑後川右岸の吉野ケ里には相当程度の勢力をもった王族がいたものと思われる。その地は神埼《かむさき》郡に属するから、その地には名前からみれば「華奴蘇奴《かぬそぬ》国」があったと考えられる。また、このあたりは佐賀平野の北にあたり、隣には三根郡もあり、地理的には筑後川の左岸の「弥奴国」と遠くないから、両者は協調関係にあったと考えたい。

さて、③の伴跛（星州）にいた勢力も洛東江によって海に出やすいため、早くから日本列島に渡来したに違いない。もし、彼らが倭国を目ざしたとすると、その舟運はどういう勢力が担当したであろうか？　それについては、憶測することしかできないが、一応、「和多志の神」と呼ばれる海人族であったとしてみたい。この一派は九州東岸の南部の海岸地帯に入って、「投馬国」を建て、他の一派は瀬戸内海に入り、伊予の大三島を根拠地とし、その海域を支配した――というようなシナリオが生まれそうである。さらに思いきった想像を付け加えるならば、彼らと九州東岸にやって来て知り合った①の「ウガヤ・高天原族」側では、それを先住民と考え、大山津見（大山祇）とよび、「国つ神」扱いをしたことになる。

この二つの推定はやや大胆過ぎるかもしれないが、次の④と⑤の比定は確実性がきわめて高いと言えると思う。

④の多羅は、前に視察旅行の段で唱えたように、洛東江の支流の黄江のほとりにあった陜川にいた一族の原郷のことである。彼らは、やや遅れて先進グループを追うように二世紀末か三世紀初頭にかけて九州にやって来たと思われる。彼らは伽耶族の中では新羅と縁が深く、後に伽耶が滅亡すると新羅はこの地を直轄領とし「大良州」を置いているから、もともとは新羅王族の発祥の地であったのではなかろうか？

そこで、ここでは筆者の推定理由や展開の過程の論拠は次章で解明することとして一応伏せておき、まずは「多羅族の渡来のシナリオ」だけを描いてみたいと思う。

多羅族から発したグループというのは、製銅技術に優れ、但馬の出石に最終的に定着したという例の「天の日矛」の勢力であったと考える。この一派は、優勢な軍事力をもって九州に進出すると、当初は博多湾沿岸の小島の糸島に「伊都国」を建てた。そして、三世紀になると南東の内陸の糸田に遷り、邪馬台国連合の一大率となり諸国を検察する任務を果たした。そして、その一部は関門海峡の西の現在の北九州市の小倉の「到津《いとうつ》」を「海の伊都国」として船舶の往来を検察した。

また、糸田のすぐ隣には筑前香春《かわら》の銅山がある。日矛の一族はここを支配し、已百支国《いおき》（息吹すなわち金属精錬の意味）を建て、豊かな経済力をもった。そして、彼らの本隊は、やがて瀬戸内海を東進し、播磨・近江・越前・若狭から丹波・但馬の一帯に勢力を張り、「日矛王国」とでも称すべき大支配圏を形成した。

多羅から進出して来たのはヒボコだけではない。四世紀には同族が大挙して日本列島に到来したと考える。彼らは、九州地方を支配下に置き、前政権（崇神の王朝）のあとをつぎ国土統一を推進したものと思われる。このことを『記・紀』はオオタラシ彦（景行天皇）とヤマトタケルの東西平定事業とよんだものと推定する。彼らはすでに近畿北部に成立していた多羅系のヒボコ族に迎え入れられ、既存の崇神系王朝にかわってヤマト王朝の支配者になった、と言うわけである。そして、安曇族と同族の住吉海人族や息長《おきなが》氏と結び、九州の香春のでと思われるオキナガタラシ姫が九州から連れて来た皇子が「応神王朝」を建てることとなる。

右のシナリオこそ、筆者が「日本古代史の復元」として描く仮設体系の核心部であるので、あらためて次章でその推論の筋道を説明することにしたい。

もう一つ、南伽耶にあった⑤の安羅（咸安）にいた一族は、その地が「下伽耶《アラカヤ》」と呼ばれたように、「大伽耶《ウガヤ》」族とは対抗意識が強く、洛東江の河口から直接に日本海に入り、出雲地方に上陸して邪馬台国連合とは別の国家を作るが、後に「吉備」に進出して来た「日矛・タラシ族」の攻撃を受け、降伏する。このへんの事情についても次章で説くことにしたい。

また、出雲には、今日でも、「アラ（荒・新）」の字の付く姓や「アダチ（足立・安達）」という名字が多い。このことから、朴炳植氏は、この人たちは「安羅」の子孫であることを物語っていると説いている。筆者は、先の韓国視察旅行では親しく朴氏と同行し、同氏の日韓古代史に関する見解について詳しくお話を聴く機会をもつことができた。

⑥の狗邪韓国と呼ばれていた金官加羅（釜山の西の金海）にいた人たちは、「日輪信仰」を離れ「熊信仰」をもつようになっていた。彼らは、すでに早い時期に列島に出現していた宗像系の一派ととも

に九州北西部から有明海に入り、肥後（熊本県）方面に「狗奴国」を成立させた。この建国は時期的には最も遅れていたが、その実力は先住者の「高天原族」にとって大いに脅威を与え、「熊襲」という呼び名で恐れられた。このことは、「クマ・クナ」という発音の言葉がこの地域に多く関係していることから支持しやすい想定と言えるであろう。

『魏志』に邪馬台国の「旁国」として描かれている他の諸国も、同じように伽耶諸国の王族が浦上八国の倭人の航海能力を利用して渡来して建国したものであろう。

もう一つ、隼人《はやと》という大勢力がある。これは伽耶系の背後勢力をもたない九州進出者ではなかろうか。それは、むしろ薩南の海人と連絡があったものと思われる。したがって、支配地は九州南部となった。隼人と熊襲とは直接の関係はない。

右のような朝鮮半島から海を渡って日本列島にやって来た伽耶族集団は、少数の武装騎馬兵力に守られた旧夫余系の首長クラスの下に、朝鮮に住んでいた海人・稲作農民である倭人と一部韓人を含むものであったということをあらためて確認すべきであると思う。それを迎え入れたのは早くから稲作を受け入れていた同じ倭人たちであった。したがって武力制圧というべき陰惨なものではなく、マッカーサーの占領軍と同じく無血上陸をし、しかも大いに歓迎されたものと考えている。したがって、博多湾岸などで出土する刀剣類や馬具類も少数首長族の権威の象徴に過ぎず、祭祀に関するトラブルはあったとしても、平和的征服だったというふうに推定している。

神話から歴史へ

このようにして、伽耶諸国の王族たちは朝鮮半島から北九州に展開して行ったが、そのまま半島に残った諸国は、自分たちの国家連合を強固に築くことを怠り、馬韓に住む「流移の人（騎馬民族）」である「辰王《チンワン》」の支配下に置かれたはずである。この「辰王」の中で、飛び抜けて早く渡来したのが大伽耶―天孫族と大邱（卓淳）―物部族であったというのが右のシナリオの出発点であった。

前節で想定したように、大邱（あるいはさらに東の新羅方面にも展開していたかもしれない）には、後に物部氏となる「日輪信仰」の勢力がいて、北九州の遠賀川下流に根拠地を置いたが、やがて彼らは瀬戸内海を東進して近畿地方に進出し、河内に上陸し、生駒《いこま》山の西の地を日下《くさか》と名づけた。また、彼らは銅鐸を祭具として用いていたと考える。

一方、当初、安曇族に助けられて博多湾から上陸し、内陸に入り甘木一帯に定着し、そこを高天原《たかまがはら》とし、第一次邪馬台国を建てた「ウガヤ族」は、周辺に小国家を建てた伽耶系諸国の連合体をつくり、その盟主となった。ところが、二世紀後半になると、後からやって来た金官加羅・狗邪韓国系の狗奴国が力を伸ばしたため、「高天原」勢力は次第に圧迫されるようになり、「倭国大乱」の時期に甘木地方を放棄して東遷する。彼らは、筑後川を遡っていったん日田盆地に入り、その後、さらに山国川を下って豊前中津方面に避難する。

このことは、推理作家の高木彬光著の『古代天皇の秘密』（角川書店）に「第二次天孫降臨」として描かれたシナリオであり、その後、その本の執筆を助けた筆者が『天皇家と卑弥呼の系図』でも採用している仮説である。その論証の詳細は右の書物を読まれたい。

大和に初期王朝を築いた物部氏は、強い「日輪信仰」をもち、その部族の始祖はニギハヤヒ（饒速日命）とよばれていた。そして、彼の正式の名前は、『先代旧事本紀』によれば「アマテル・クニテルヒコ・アメノホアカリ・クシミカタマ・ニギハヤヒノミコト（天照国照日子・天火明・奇甕玉・饒速日命）」と呼ばれていた。このことは重大である。

さて、近畿地方に勢力を張っていた物部氏は、土地の豪族であったナガスネ彦（長髄彦・登美毘古）の妹のミカシキヤ（御炊屋・登美）姫を娶り王者として君臨していたが、やがて九州から「東征」して来た「神武天皇」の軍に降伏し臣属することになる。

この「神武東征」というのは、次章でその実態を解明するように、「弥奴国」の王であり「水沼君」でもあったミマキイリ彦（崇神）によるヤマトの征服のことである。筆者がここで強調したいことは、それまで「日神」と言えば物部氏のリーダーが祀る神のことであり、「アマテラス（天照）」という美称は、ニギハヤヒの呼称のことであったが、征服新王朝はこの神を奪い取り、自分たちの祖先神ということにしてしまったというのである。つまり『記・紀』が記す「天孫族」の系譜——アマテラス・オシホミミ・ニニギ・ウガヤフキアエズ・ヒコホホデミそして神武天皇というのは、虚構に過ぎないということである。

こうして、本来は物部氏の祖先神であった男性神の天照大神は「天孫族」の祖先神とされてしまっただけでなく、『日本書紀』ではこの神を女性神——オオヒルメムチ（大日孁貴）であると改め、「高天原」から天孫ニニギを下界に降臨させる命令者ということにしてしまったというわけである。この推論は、拙著『日本誕生と天照大神の謎』（九四年、『ヤマト国家成立の秘密』と改題）に詳述してある。

このように、『記・紀』が伝える「日本神話」というのは、朝鮮半島の伽耶の勢力が北九州に渡来して来たことを「第一次天孫降臨」として描き、その中の「ウガヤ族」が住んでいた所を「高天原」と名づけ、その土地が危険になって放棄したことを「第二次天孫降臨」という形でダブル・イメージ化して伝えたものである。さらに、九州勢力であるミマキイリ彦がヤマトに進出したことを「神武東征」という物語化し、征服された物部氏の神——アマテラスを征服者側の先祖の神として奪い取ったものである、ということになる。

したがって、『記・紀』が語る「筑紫神話」や「出雲神話」は、けっして宮崎県や島根県の出来事ではなく、すべて北九州にあった邪馬台国に実際にあったことを題材にして、それを軸としいろいろとデフォルメを加えて楽しい物語に仕立てたものである。

第七章　『日本書紀』をどう読むか？

三世紀の邪馬台国を求めて

　これまで、日本列島に古代国家が成立していく過程について、広くアジア全体に目を向け、西暦紀元前後に朝鮮半島南部から、騎馬民族に率いられた海洋性農耕民である倭人集団が、何波かに分かれて北九州や出雲地方に渡来し、いくつかの小国家群を建て、そのうちの一つである邪馬台国が国家連合の盟主となったが、二世紀後半の「倭国大乱」の時期にその所在地を東方に変えたということと、九州勢力の東方への移転——それも、物部氏のものと「神武東征」として『記・紀』に描かれるものの二つがあったというシナリオの概略を示してみた。

　では、それらの仮説は、果たして史実と言えるのであろうか？　とりわけ「神武東征」というのが筑後川の河口近くにあった「弥奴国」すなわち水沼君がミマキイリ彦としてヤマトにあった物部王権を吸収して成立したとする筋書きは、どのようにして証明できるのであろうか？　そのへんのことについて史書の記述をもとに解明をしてみたいと思う。

中国の正史である『魏志』によると、二四七年にヒミコは狗奴国王の卑弥弓呼との戦いについて、倭の載斯烏越を使者として派遣し、その状況を帯方郡を通じて魏に報告している。魏は張政を遣わして詔書・黄幢をヒミコに与え、檄をつくって告諭したとしている。ところが、こうした時にヒミコが死ぬ。そして、「大いに冢《ちょう》をつくる。径は百歩、葬に殉ずる者は奴婢百余人。あらためて男王を立つも国中服さず、こもごも相誅殺し当時千余人を殺す。また、卑弥呼の宗女台与《とよ》年十三を立てて王となす。国中ついに定む」と述べ、邪馬台国家連合には大混乱が生じたことを述べている。

この時、一時的に立てられた男王というのは誰であるかは記録されていない。しかし、前節で考察したところから推論を進めるならば、それが誰であるかを推察するのは可能であると思う。そのことを論ずる前に、魏使が来た三世紀半ばの北九州の情勢を把握する必要がある。そして、その前提になるのは、「倭国大乱」によって、邪馬台国連合諸国の位置が二世紀のころと大きく変わっていたことを確認する必要がある。

通説では、魏使が上陸した末盧国は東松浦半島、伊都国は博多湾の西の糸島、奴国は那の津とよばれた博多湾沿岸にあったとされている。しかし、『魏志』によれば、彼らは壱岐から末盧国に上陸すると船を捨てて南東に草木が繁る道を徒歩で進んでいる。もし、通説の比定地が正しければ、そのまま船で行くのが当然である。しかも、糸島は唐津あたりから見て北東にあり、史書の記述と完全に食い違っている。すなわち、末盧国は東松浦半島にはなかったのである。

それでは末盧国はどこに移っていたかというと、前章で述べたように、「海北中道」の終点の宗像神社がある神湊のあたりにあったとしなくてはならない。このことは、つとに高木彬光氏が指摘している通りである。次の伊都国は、高木氏は北九州市であるとしているが、そうではなく、『魏志』にある通り、末盧国（神湊）の南東の線上で、「諸国を検察する一大率」がいたのであるから交通の要衝にあったはずである。それは、地図を見れば糸田《いとだ》以外ではありえないことがわかる。筆者は、前章で「ヒボコ系の伊都国は糸島から糸田に移った」としたのは、こういう理由からである。しかも、ここは香春のすぐ西にあり製銅部族の住居にふさわしい。

そして、奴国は伊都国の東というのであるから、豊前中津に移転していたとするのが自然の推定であろう。名前もピッタリであるし、中津には安曇社も祀られている。

さて、肝心の邪馬台国はどこにあったのであろうか？　それは、奴国の次の不弥国のさらに先ということである。しかし、ここまで来ればもうそう遠くはないはずである。その解明は、次節に譲るとしよう。その前に、このような諸国の移転は、狗奴国の脅威を避けるために起こったと前章では説き、甘木にあった第一次邪馬台国すなわち高天原にいた天神族は、東の日田に逃れ、そこから中津方面に行ったと述べた。それは、第二の「天孫降臨」であるが、その落ち着き先は言わなかった。それはどこかということを確かめておくべきであろう。

その答えは、豊前の宮処《みやこ》郡（現行橋市）であったはずである。『豊前国風土記』には、「宮処の郡、古《いにし》え天孫ここより発ちて、日向の旧都に天降りましき、蓋し、天照大神の神京なり」と記されてあるからである。因みに筆者が、天孫が立ち寄ったとした日田は、道が八方に通ずる日本唯一の場所であり、『記・紀』が「猿田彦が天孫ニニギを出迎えた」としている「天の八衢《やちまた》」にふさわしいし、日田の北方の宗像市周辺には猿田という地名が密集している上、終点の宮処郡にある豊日別神社の祭神は猿田彦となっているから、『記・紀』の説話もまんざら空想の産物ではない。

しかし、この地に落ち延びた「ウガヤ系」の王――ニニギノミコトに相当する人物は、第二次邪馬台国の王にはなれなかった。そのことは、『魏志』に「倭国大乱」の後のこととして、「すなわち、一の女子を共立して王となす。名づけて卑弥呼という」としている。この卑弥呼とはどういう人物なのであろうか？

卑弥呼の正体と邪馬台国の在りか

『魏書』が伝える邪馬台国女王卑弥呼の名は有名であるが、それが日本の国内文献に記されているなどということは、一九八〇年まで誰一人として思いもしなかった。ところが、八二年に京都府の高校教員であった金久与市氏が、『古代海部氏の系図』という著書で初めてその謎の解明に迫った。同氏は、丹後（京都府北部）の宮津にある籠《この》神社には「海部氏系図」が国宝として保管されていることに注目し、その系図の中に卑弥呼の名を発見したのである。

ところが、もう一つ、『先代旧事本紀』には「尾張氏系図」というのが載っている。この二つの系図は、別べつに伝えられ文字の表記は多少異なるにもかかわらず、その内容はほとんど同じである。ということは、どちらも真実を記しているからであるとしか理解できない。そして、この両系図では、それぞれの共通の祖先の名は、アメノホアカリ（天火明命）であるとしている。金久氏が「これが卑弥呼である」としたのは、その第九代目のヒメノミコト（日女命）のことである。しかも、この女性には弟彦命という兄弟が記されているのである。『魏志』には「卑弥呼には男弟がいる」とある。しかも、その二代後には、もう一人のヒメノミコトがいて、その名がオトヨ（小止与）姫となっている。卑弥呼の死後にあとをついだのは、「宗女トヨ（台与）」であった。こうなると、このヒメノミコトは間違いなく卑弥呼であるということになるであろう。

その時代を算定すると、系図の第一七代目に難波根子建振熊《たけふるくま》の名があるが、『日本書紀』の「神功紀」と「仁徳紀」にも武振熊という人名があり、どうやら同一人物らしく思われる。そこで、その時代を五世紀前半であるとし、一代を二五年として計算すると、このヒメノミコトは三世紀前半に生きていたことになり、卑弥呼の時代と完全に一致する。そうなると、魏の使者が来たときの邪馬台国の女王は『尾張・海部氏系図』のヒメノミコトであったというふうに考えられてくる。

では、その邪馬台国はどこにあったのであろうか？　この件について、金久氏は惜しいことにも、邪馬台国・近畿説をとっておられ真相を見落としてしまわれた。邪馬台国はいま見てきたように九州になくてはならない。それは、奴国の次の不弥国の先ということになる。筆者は、八九年に『天皇家と卑弥呼の系図』において、正しい結論を指摘した。

それは、海部氏が丹後に来る前に住んでいた場所を突き止めたからである。それは豊後の国（大分県南部）であったのである。丹後の国と豊後の国とでは、同じ名前が多数セットになって存在する所があるのである。この二つの国には、大野・三重・舞鶴・八坂（弥栄）・蒲江・皆原（海原）・羽田・葛木・蛭子・三宅・住吉・畑・竹野・矢田など多くの共通の地名があり、ヒジのマナイ――丹後では比治の真名井、豊後では日出の真那井――という名前も揃っている。それだけでなく、両方とも二階が住まいで階下が舟着き場という特殊の構造の漁家がある。これだけの証拠がある以上、海部氏が豊後から丹後に移住して来たことは確実である。しかも、豊後の南半分の名は海部郡なのである。

こうして、ヒメノミコトが豊後にいたことが確認されたのであるから、卑弥呼のいた邪馬台国もまた豊後か、その近所にあったとしないわけにはいかなくなってくる。結論を言えば、それは宇佐であったと思う。その何よりの証拠は、卑弥呼は「鬼道を行ない、人を惑わす」と『魏志』に書かれているが、それはシャーマンとして呪術を行なったことである。卑弥呼より五世紀後の宇佐八幡では、女の神官が神がかって託宣を行なっていた。これこそ、卑弥呼以来の秘法であったと考えたい。全国でこのような呪法を行なう神社はほかにはない。

もちろん、邪馬台国の所在地を確定するには、それ以外に多くの面から検討すべきであるが、この地は、『魏志』が「邪馬台国より東には海がある」と明記している条件にも合う点からも、他の比定地に欠けている条件を満たしていることと、宇佐八幡の社のある丘が卑弥呼が眠る古墳を思わせる形と大きさをしている事実だけを挙げておきたい。

卑弥呼の死と「神武東征」

邪馬台国の女王卑弥呼が死ぬと、一時、男王が立てられたが人びとが服さなかったため、宗女トヨが共立されて国が安定したと『魏志』は伝えている。そうであるとすると、トヨの即位によって地位を奪われた男王やその支持者たちはどうなったのであろうか？　殺されたのは一、〇〇〇人であるから、生き残りは当然いたと考えられる。また、邪馬台国家連合が分裂して混乱状態となれば、かねてからの宿敵の狗奴国がそれを見逃すはずはない。当然、侵攻して来たはずである。そうなれば、混乱は頂点に達したと考えるべきである。

ところが「国中ついに定む」とある。では、いったいどのように「定まった」のであろうか？　その答えは一つしかありえない。それは男王派が大挙して九州から脱出して行ったということである。そうとしか考えられない。では、「脱出」はどのように行なわれ、その行く先はどこであったのであろうか？　その答えは、近畿地方に転進して行ったということになろう。

では、「邪馬台国の崩壊」を機会に一時は王位につき、やがてそこから脱出して行った人物とはいかなる男であろうか。予測的に考えられることは、彼は旧邪馬台国の二一の旁国の末盧・伊都・奴・不弥・狗奴国などのうちのどれかの王であったとしてよさそうである。そして、その男の以後の行動を「神武東征」と重ねてみよう。「神武天皇」は日向から出発してから、まず宇佐に立ち寄り、ついで崗の水門で軍兵を整えている。この崗とは遠賀川の河口の東方に当たり、ここで水軍を用意するとすれば宗像族の力に頼ることになる。

それでは、宇佐と崗の両方に関係があり、しかも、一時的にせよ北九州の王国連合の主となりうるような人物はいないであろうか？　それはたった一人いる。筑後川の河口付近にあったと思われる弥奴国の王である。「景行紀」には、この地の王が「水沼君」とよばれていたと記している。そして、彼らは宗像族と同じく「三女神」を祀っていたのである。そのことは、前に「三女神は宇佐嶋に降りた」と『書紀』にでていると述べたが、その直後に、「此れ筑紫の水沼君らが祭る神なり」と記されている。

ということから、筑後川河口の豊かな地域に広大な支配地を有していた弥奴国王すなわち水沼君が宇佐に関係のある「三女神」を祀る宗像族の協力を得て「東征」を試みたという筋書きが浮かんでくる。もし、筑後川流域が「日向」であったと考えれば、日向——宇佐——崗という「神武東征」の経路とも関係がつき、水沼君を「東征」の主と見立てる構図の信憑性が高まると思う。しかし、いかに弥奴国王といえども単独で「東征」を試みることは無謀である。必ずや同行して協力した軍団があったはずである。筆者は、その中心となったのは、「狗奴国の積極派」であったと考える。この勢力が水沼君すなわち弥奴国王を国家連合の盟主に推したことであろう。しかし、卑弥呼の死後の争乱で事が破れて、ともども東方への脱出をはかったものと思う。

この「東征」を企てた勢力は、三世紀の半ばにヤマトに入り、新政権を樹立した。その王者こそ『古事記』が「初国しらすスメラミコト」とよんだミマキイリ彦すなわち崇神天皇であったというのである。そして、それに随行した「狗奴国の積極派」こそ、後の「崇神新王朝」の私兵的な軍団となり、その名を大伴氏と称するようになった、というのが筆者の推論である。

つまり、大伴氏は物部氏とともに大連《おおむらじ》家となってヤマト王朝を支えることになった、というのである。因みに、この「東征」に同行しなかった「狗奴国の消極派」は、後に、「熊襲」という蔑称でよばれ、新王朝の敵対者となる。

このように考えてはじめて、邪馬台国がトヨというか弱い女王に任せられても狗奴国が攻めて来なかった理由も理解できるし、熊襲がヤマト王朝と対立した意味も了解されよう。

では、以後の展開をたどってみよう。『記・紀』が伝える「神武東征」がそのままの形で行なわれたなどとは考えられない。しかし、第一〇代の崇神天皇が『古事記』では「初国知らしし御真木の天皇」と記されている以上、邪馬台国からの脱出行を演じた男王こそ崇神天皇となったミマキイリ彦その人であったということになる。

ただ、この「東征」は必ずしも乾坤一擲の冒険ではなく、自分たちを迎え入れてくれる勢力がすでに近畿地方にあることを知っていた、少なくともその期待をもっていたとすべきであろう。であるとすれば、九州勢力を迎え入れたのは、すでに早くから近畿地方に進出していた物部族であったはずである。『記・紀』では、降伏したニギハヤヒの子孫――物部氏はその後も「神武」の子孫に仕え、大連家として高い地位と名誉を保障されている。

それだけではなく、『書紀』の「一書」によると、第二代以後の天皇の妃として物部氏やその同族の磯城県主《しきあがたぬし》の娘が選ばれていたとしていることにも目を向けるべきであろう。この「東征」はあらかじめ合意があったか否かは別として、局部的には抵抗はあったとしても大勢力である物部氏の「降伏」により、比較的平穏に達成されたと考えたい。

『記・紀』では、神武を初代天皇とし、以下、綏靖・安寧・懿徳・孝昭・孝安・孝霊・孝元・開化というふうに八代の天皇が即位し、ついで第一〇代の崇神があとをついだとしている。ところが、右の八代の天皇は、係累や宮所と陵墓などだけが記されており、その治績などの記事が一切欠けているので「欠史八代」とよばれ、一般には実在しなかった天皇であると考えられている。

しかし、筆者の考えでは、これらの「天皇」の名は架空の人名ではなく、開化天皇に相当する人物は実在しており、その兄弟の大彦命の娘の御間城《ミマキ》媛のところに九州からやって来た人物が婿入りし、妻の名前と同じ御間城入彦を名乗り「崇神天皇」になったのであると考えるのである。つまり、崇神新王朝とはヤマト地方の実力者である物部氏に入り婿してできたものであり、同様に、「欠史八代」の「天皇」とは、崇神以前にヤマト地方の権力者であった物部氏のもとに婿として入った男たちのことを、あたかも男子直系であったかのように綴ったまでのものと思う。

朝鮮系の渡来者の展開

三世紀の後半、ヤマトに新政権を樹立したミマキイリ彦の崇神王朝は、前述のように、アマテラス大神を宮殿に祀ることをやめ、次のイクメイリ彦イサチの垂仁天皇の時代になると、それは伊勢神宮に遷された。このことの意味は何であろうか？　それは、言うまでもなく、アマテラスは元水沼王であったミマキイリ彦の祖先の神ではなかったということである。そして、「天照」という文字が『先代旧事本紀』の物部氏の祖先であるニギハヤヒ（饒速日命）のフルネーム（二五七頁参照）の中にあることから、アマテラスとは、もともと「日神」を信仰する物部氏の神であり、伊勢神宮への民衆の信仰は天皇家に対する忠誠心とは関係なく、「お天道様」への篤い信仰に基づくものであることも明らかになってきた。

ところで、ここに物部氏が「日輪信仰」を朝鮮から持ち込んだのであるという仮説を支持するような興味ある事実がある。物部氏が勢力を張っていた摂津（大阪府）には菟餓野《ツガノ》（天満北野から南京橋、平野町の総称）という地名がある。また、大和（奈良県）では、物部氏が本拠地としていた石上《いそのかみ》の布留《ふる》から見て太陽が昇る方角の榛原《はいばら》町の北方にも都祁野《ツゲノ》という地名がある。ところが、この二つの「ツガノ・ツゲノ」の名の起源を思わせる「都祈」という地名が朝鮮のかつての新羅地方（慶尚北道）の迎日湾にあるというのである。「都祈」は、漢音で「トキ」、呉音で「ツゲ」となる。

また、朝鮮の史書の『三国遺事』には、新羅の古事として面白い話がある。延烏郎と細烏女という夫婦がいたが、二人は大岩に乗って日本に渡ってしまった。そのために、天地は暗くなった。この夫婦は太陽と月の精だったからである。そこで、新羅王は二人に帰還を求めたところ、烏郎は肯んぜず、烏女だけが絹を持って帰って来たので、それを祀ったところ日月はもとに復した。この祭りが行なわれたのが、迎日県であり、都祈野であったという。そうなると、延烏郎が即物部氏ということにならないまでも、朝鮮から渡来した人たちによって、日本の摂津と大和にある「ツゲノ」でも、「日輪」を祀る儀式が行なわれていたと考えていいであろう。

しかし、物部氏の出自については、百済王朝の始祖の温祚の兄弟に沸流がいて、その名が石上の布留に似ていることや、『先代旧事本紀』にある物部氏の族制度が高句麗・百済などの五部制をとっていることから、新羅系ではないという見解もあるであろう。いずれにしても、物部氏は「日輪信仰」をもっており、その出自が朝鮮半島であることは確実である。

ところが、もう一つ、「日輪信仰」をもち朝鮮から渡来した一族がある。それは、再三話題にしてきた天の日矛のことである。しかも、ヒボコの「神宝」とされるものと物部氏の「神宝」とがソックリなのである。これは何を意味しているのであろうか？

物部氏の神宝というのは『先代旧事本紀』に書かれているもので、物部氏の氏神ともいうべき石上神宮の神事にかかわる天神御祖の教詔として、「瀛都《おきつ》鏡・辺都《へつ》鏡・八握《やつか》剣・生《いく》玉・死返《よみがえし》玉・足《たる》玉・道《みち》返《かえし》玉・蛇比礼《ひれ》・蜂比礼・品物《くさぐさの》」の一〇種をあげ、「布瑠之言」として、「もし痛む処あらば、一

二 三 四 五 六 七 八 九 十と謂いて、布瑠部《ふるへ》、由良由良止布瑠部《ゆらゆらとふるへ》」という呪言を唱えるように諭しているもののことである。

一方、ヒボコが朝鮮からもたらしたとされる「神宝」とは、『日本書紀』には、それを「羽太玉・足高玉・鵜鹿鹿赤石玉・出石小刀・出石桙・日鏡・熊神籬《ひもろぎ》」とされているが、その「一書」には膽狭《いさ》浅《さ》の太刀を加えた八種となっている。そして、『古事記』では、「珠二貫・浪振る比礼・浪切る比礼・風振る比礼・風切る比礼・奥つ鏡・辺津鏡」の八種としており、そちらのほうが物部氏の「神宝」と酷似しているわけである。

物部氏については優に一冊の本ができるほど書くべきことは多い。しかし、先を急ごう。

日子坐王《ヒコイマス》の秘密と「五タン王朝」

物部氏と天の日矛の類似そのものからは直接に何かを引きだすことはできないが、物部氏が崇神を庇護して近畿中部のヤマト王朝を支えていたのに対して、ヒボコが勢力を張っていた近畿北部には崇神天皇の子とされているイクメイリ彦（垂仁天皇）が入り婿とも言うべき形で結びついているのである。その意味するところについて、少しく謎解きを試みてみよう。

ヒボコについては、前に述べた推論では、伽耶諸国の多羅国の王子であり、最初、糸島に拠って伊都国を建て豊前の香春の銅の生産に関与し、邪馬台国グループにも貢献したものと考えた。それは、『記・紀』や『播磨国風土記』の記事からすると、ヒボコ族は金属精錬技術をもっていたと見られるからである。香春の神社にヒボコと同一人物と思われるツヌガアラシトが祀られていることと、ヒボコの子孫とされている「神功皇后」の出陣に際して伊都の文字を名にもつ男が出迎えたという記事があったからである。史籍によると、ヒボコ族は瀬戸内海を東進し、播磨に上陸し生野などの銅山を支配し、丹波・山城を経て近江にで、北上して若狭・越前まで進出して、最終的には但馬の出石に定着し、同族の統制をはかったことになっている。

では、『古事記』が伝えるヒボコの系図を見てみることにしよう。

日矛——母呂須玖——斐泥——比那良岐——毛理（タジマ・モリ）………

となっている。筆者の考えでは、この二代目のモロスクというのは、孝霊天皇の子とされている吉備諸進《もろすすす》（諸助）のことであり、三代目のヒネの名は、『日本書紀』に載っているヒボコの系図には欠けているが、この人物は実は第九代目の開化天皇とヒコクニ・オオゲツヒメとの間の子とされるヒコイマス（日子坐）王のことに違いないというのが筆者の考えである。

このヒコイマス王の妃には山城・近江などの王者の娘四人がおり、その子孫は丹波・因幡・伊勢・若狭・甲斐など諸国に発展しているほどの大勢力者で、「近畿北部の隠れた大王」とでも言うべき存在なのである。つまり、近畿北部はヒコイマス王の係累の勢力圏でありながら、しかも同時にヒボコが足跡を残した範囲とほとんど一致しているのである。ということは、とりも直さず、ヒボコの孫のヒネとヒコイマス王は同一人物であるとする筆者の推定には、かなり高い信頼可能性があると考えていいと思う。

それにもかかわらず、天皇家の尊厳を最高に重んじる立場にある『日本書紀』は、さすがに、日子坐王という名だけは載せているが、肝心のその子孫について何一つ記されていない。しかも、ヒボコの系図を掲げておきながら、なんとヒネの名前を省略しているのである。この事実こそ、筆者の推定が真実を射ていることを逆に裏書きしているのではなかろうか？

このような背景を知った上で、垂仁天皇の皇后や妃について調べてみよう。その最初の皇后のサホ（狭穂・佐波遅）姫は、ヒコイマス王の娘であり、この皇后が兄にそそのかされて天皇の暗殺をはかったため、火で焼き殺された後に迎えた、第二の皇后のヒバス（日葉酢・氷羽州）姫の父はヒコイマス王の子のタンバミチヌシ（丹波道主・比古多須美知宇斯）王である。自分を裏切った妻のかわりに、その姪である同じヒコイマス王の血統から重ねて妻を娶るということは尋常ではない。しかも、反逆者であるサホ姫の兄のサホ彦の子孫は絶やされるどころか甲斐の国造になっているのである。つまり、垂仁天皇は何の実権もなく、実質的な権力は岳父のヒコイマス王（実はヒボコの孫）が握っていたとしか考えようがないではないか。

このように、『記・紀』が語るところは、必ずしも真実ではないとしても、四世紀当時の近畿地方北半には、ヤマトとは別の勢力圏があたことは確かであると思われる。筆者はそれを「五タン王朝」と名づけている。「五タン」というのは、丹波・但馬・丹後・近江・淡路のことである。実際には、山城・摂津さらには播磨も勢力圏内にあったことであろう。そして、垂仁天皇は崇神天皇の子であるとされているが、実は、実質的大王勢力のところに入り婿したものと考えている。

なお、ヒボコの血脈からは、オキナガタラシ（息長足）姫――『記・紀』が「神功皇后」として記す女性――がでている。彼女の母のカツラギタカヌカ（葛城高額）姫は、タジマ・モリの弟のスガヒコ（清日子）の娘ということになっている。そして、この姫の子が後に応神天皇として河内に強力な王権を確立することになるわけであるが、それを『記・紀』が示す系図の通りに、崇神――垂仁――景行――成務――仲哀――応神という直系で大王（天皇）位が伝えられたというのでは、歴史の真相を完全に見誤ってしまう。筆者に言わせれば、この間に父子相続など一つもなく、しかも架空の大王さえ含まれているということになる。

近畿大王勢力の出雲への進出

備中（岡山県南西部）の東半の今日の高梁市《たかはし》の一帯には賀陽《かや》（古くは賀夜と書いた）郡があり、その昔、伽耶からの渡来者が多数住んでいたことと思われる。それだけではなく、朝鮮系と思われる地名は、賀陽郡には栢野《かやの》・栢寺・唐戸・栢山・栢村だとか金井戸（カライドの訛化）・長良（アナカラの訛化）・唐松・唐櫃辛人・蚊屋伽耶というように数多くあり、他の備前地区だけ見ても、唐衣・唐人・辛香などの伽耶系、四カ所の大多羅という百済系、志羅城・白木・白城などの新羅系、幡多・幡・畑などの秦系、阿智・阿知など伽耶からの渡来者を思わせる韓系の地名がひしめいている。こうしたことは備中・備後・美作でも見ることができる。

また、備前（岡山県北東部）・美作（同北半）や備後（広島県東部）を含めた吉備全体については、伽耶だけでなく、新羅・百済などの渡来者が多い。そして、その相当部分はヒボコ系が主流を占めていたものと思われる。吉備地方はヤマトに負けずに造山（二七〇メートル）・作山（三五〇メートル）などの巨大古墳が多く見られるところである。つまり、四〜五世紀ごろヤマト王朝に遠慮をしないでいられるほどの大勢力がいたことになる。

このことは、前節で見た丹後（当時は丹波の一部）にも言えることである。『記・紀』で伝える丹波の王者には、開化天皇の妃である竹野媛の父の丹波大県主の由碁理と、ヒコイマス王とオキナガミズヨリ媛の間に生まれたとされる丹波道主（美知能宇斯）がある。丹波道主王はヒバス姫の父である。竹野は丹後半島の突端にあり、そこには神明山という巨大古墳（二〇〇メートル）がある。丹波大県主というのは恐らくは豊後から移住して来た海部氏のことであろう。なお、丹後にも伽耶に因む加悦《かや》という名の町がある。

ところで、『日本書紀』では、崇神天皇は吉備や丹波を含め「四道将軍」を派遣したとあるが、それは史実というより、当時のヤマトの王権の及ぶ範囲を述べたものであると言うべきであろう。そして、その一人の道主王は丹波の支配を預かり、吉備津彦は山陽道を傘下に収め、ヤマト王朝の権力拡大に尽くしたことになっているが、実際には、ヒボコ系の勢力が北近畿から中国地方東半を制覇していたというのが本当のところとすべきであろう。

『書紀』によると、崇神天皇は「出雲の神宝を見たい」と言って、武諸隅《たけもろすみ》を出雲に派遣し、飯入根《いいいりね》から献上させ、それに不満を示した飯入根の兄の出雲振根《ふるね》を討伐させるため、吉備津彦と武渟河別《たけぬなかわわけ》を派遣して振根を殺し、出雲を完全に支配したと記している。ところが、奈良時代になると霊亀二（七一六）年には、出雲の国造が平城京に参って「神賀詞《かみのよごと》」を奏上している。それによると、その昔、大国主は天つ神の命に服して「国譲り」の約束をしたという「出雲神話」にある物語を事実であるかのように認め、今後とも出雲は国をあげてヤマトの天皇家に尽くすことを誓う儀式を行なっている。

言うまでもなく、『記・紀』に書かれている「出雲の国譲り」などというものが史実として存在したはずはない。何故かというと、それは「天孫降臨」に先立って行なわれたとしているからである。『神賀詞』で「国譲り」が史実であるかのように言うのは、その時は『日本書紀』が完成する直前であり、その内容をこの儀式を通じて肯定し補強させようという意図によるものであろう。実際に、ヤマト勢力が出雲を支配したのは、出雲地方に前方後円古墳が出現する五世紀ごろのことであろうが、その史実を『書紀』は崇神天皇の時代のこととして記したものと思われる。

ただし、吉備津彦らが派遣されたというのは建前であって、実際には、すでに吉備方面を支配していたヒボコ系の勢力が出雲を征服し、それをヤマト側に献上する形で実行されたものと考える。吉備津彦というのも、実在の人物というより、多くの人格を総合した象徴的人格であり、筆者はヒボコ系の集団が吉備地方を掌握していた事実を隠すために創作された名前と考える。その証拠の一つとして、八世紀に編纂された『出雲国風土記』の執筆者の中に、神宅《みやけ》全太理という名がある。ミヤケというのは『新撰姓氏録』でヒボコの子孫となっているからである。

なお、崇神・垂仁の二代について「イリ王朝」という呼称が行なわれることがある。それは係累の名前に「イリ」という文字が付く者が多いことによるものである。その「イリ」の意味については「婿入り」のことども解せなくはないが、血縁を表わす「いろ」という言葉からきているものかと思う。それを「憑依」のことと解するのはウガチ過ぎであろう。また、ミマキイリ彦という名前については、「垂仁三年紀」に、ツヌガアラシトに対して、崇神天皇が「ミマキ」という自分の名前をとって、「本国の名前をミマナ（任那）とせよ」と言ったとしているが、それは史書の編纂者が後世になってから名前の連想により付託したもので、崇神・任那王説は成立しない。

オオタラシ彦の国土の平定

三世紀後半から四世紀の国内の事情は、崇神・垂仁天皇ともに実在の大王とは思われるものの、『記・紀』に綴られているその治績は額面どおりに認めがたいものである。中には伝承によるものが含まれているとしても、そのほとんどは、法制を整えたり治水工事をするなどの新王朝にとって必要と思われる事業であり、それを治世の行為であるとしているに過ぎないと思う。そこで、つづけて景行・成務の二代の記事について検討することにしたい。

垂仁天皇の次の天皇（大王）はオオタラシ（大足・大帯）彦という名で、諡号は景行天皇とよばれている。この天皇は『記・紀』では、垂仁天皇とヒバスヒメ皇后の子であるとされている。そして、その次の成務天皇はワカタラシ（稚足・若帯）彦といい、これまた前の天皇の嫡男であるとされている。この二人の天皇は名前に「タラシ」という文字が付いているのでこの両者の王朝は「タラシ王朝」とよばれている。

この二人の天皇に関する記事が信じがたい点では前の崇神・垂仁以上である。とりわけ怪しげなのは、両者ともにその在位期間が干支一巡（六〇年）ぴったりであることであり、あまりにも作為的であるとしか言いようがない。そして、その治績は景行の場合は軍事力による国土の平定、成務の場合は国郡と県邑の長を定めたことに尽きるといっても過言ではない。前の二人がやり残した新国家の建設事業を、この両者が軍事的および官制人事の面で完成させた形になっている。つまり、『記・紀』の編集者は「これをもって倭国の政治は一応の安定をみた」とするために、必要と考えられることをこれら四人の天皇の事業として書き連らねたという感じさえする。

とは言うものの、ここに書かれているような中央政府による諸国への支配の貫徹事業や地方への官吏の任命事業は、すべてが虚構であるというのではない。このようなことは事実として何らかの形で行なわれたであろうし、三世紀半ばの段階では小国家の連合体の結合をやや強めた程度のものであったのを、四世紀末には相当程度まで実効のある政治支配体制に整えていったことは事実であると考えていいと思う。

『先代旧事本紀』の中の「国造本紀」は、東北地方から九州に至るまで、全国に国造が置かれたとし、その任命について「志賀高穴穂宮の御世……」という記述の仕方をしている。「穴穂宮」というのは『古事記』が成務天皇の都としている所であるが、『日本書紀』では景行天皇の晩年の宮所となっている。と言うのは、「国造の任命」は実は現状を追認し、その地方の実力者に「国造」という虚名を与えたこと（それも机上で）に過ぎなかったからと思われる。

しかし、ともあれ『記・紀』がこういう記事を載せたことは、八世紀の官僚としての感覚から「中央集権国家の建設はかくあるべし」ということを「事実、こうであった」として、あたかも歴史上の事実の記録であるように記したものと思えば当たらずといえども遠からずであろう。したがって、「タラシ王朝」のこととして記されている個々の事実は、にわかに信用することができないということになる。

さて、景行天皇の系譜を見ると、皇后の名は播磨のイナビ（稲日・伊那毘）オオイラツメ（大郎女）といい、オオウス（大碓）・オウス（小碓）の二人の皇子がおり、弟のオウスは熊襲を征服した時にヤマトタケル（日本武尊・倭建命）という名をもらったということになっている。そして、この天皇にはそれ以外にも、ヤサカ（八坂）イリ姫という妃がおり、その姫から一三人もの皇子・皇女が生まれ、日向のカミナガ（髪長）姫やミハカシ（御刀・美波迦斯）姫からも子が生まれ、天皇の子女はあわせて八〇人と記されている。そして、景行天皇および息子のヤマトタケルは熊襲をはじめ東国に至る全国平定の大事業をなしとげたとされている。

しかし、常識で考えてもこのようなことは事実を超えるものとしてよいであろう。それについて、率直に言えば、ヤマトタケルというのは、四世紀の（あるいはその前後を含める長期間にわる）大和王朝による地方に対する武力制圧事業の推進者、つまり有力武装集団の長のイメージを一個のヒーローに凝縮させて表現したものであるというべきであろう。実際には、ヤマトタケルの子孫とされている氏族――綾氏・犬上氏・武部氏などが地方征服軍団を率いていたのであって、その子孫の報告に基づきヤマトタケルという英雄像を作り上げたものと考えたい。

このように見るならば、ヤマトタケルの父とされるオオタラシ彦すなわち景行天皇も個人ではありえず、「大タラシ族」のリーダーたちの像を一人の大王に投射して創造した国土統一の英雄ということになる。そう考えれば八〇人を超える子女がいても不思議ではないし、六〇年もの在位を合理化することにもつながってくるであろう。

筆者は、前章で「オオタラシ彦とは南伽耶陜川にあった多羅国の王者たちが渡来したものである」

という仮設を提示した。『日本書紀』では、景行天皇は九州への巡行の際に、前に天孫が日田から落ちのびた先の神都としてあげた豊前宮処郡の長峡《ながお》の宮に立ち寄ったり、宇佐に近い所で抵抗者を討ったとしている。

このことは、もし、この天皇が崇神天皇の真実の孫であったとすれば、邪馬台国の回復を策した行為と考えたくなるが、それとはまったく無縁の征服行為であろう。これらは一人の大王の個人的な行動ではなく、「タラシ族」という集団の大軍が実際に九州に出向いて行なったものと考えたい。さらに言うならば、景行天皇が「ヤサカイリ（八坂入）姫を美濃で見出して妃とした」とあるが、その場所は岐阜県のことではなく、筑後川の下流のミノウ（耳納・水縄）のことであり、かつての「弥奴国」があったところとしなくてはならない。このことは、彼女が生んだとされる皇子のイホキイリ（五百木・五百城入）彦が、後に見るように九州にあった已百支（イホキ）国の王であったとするわたしの見解を成立させるための根拠となるのでここに付記しておく。

このように考えると、崇神・垂仁・景行の三代の大王は、それぞれ大和・近畿北部・吉備地方へと中央権力の版図が拡大していった事実をふまえたものであり、その統合の象徴としての大王の地位はかならずしも武力によって得られたものではなく、一種の禅譲によってもたらされたと考えてよいと思う。『記・紀』は、そのことを男子直系の皇位継承として記録したということになるであろう。

なお、ヤマトタケルの子孫と称するものに綾氏がある。その名前が「安耶」であるから朝鮮南部の咸安にあった「安羅」のでであり、たまたま「タラシ族」による国土平定事業に参加したので、その功績によりヤマトタケルの子孫ということにされたものと考えることができよう。

「神功皇后」をめぐる史実

景行（オオタラシ彦）天皇から成務（ワカタラシ彦）天皇・仲哀（タラシナカツ彦）天皇そして、「神功皇后」（オキナガタラシ姫）までの王統には、名前に「タラシ」の文字が付くことから、この系統はしばしば「タラシ王朝」とよばれている。しかし、これらの大王の系譜もまた、直系の父子関係にあったとするわけにはいかない。とりわけ、仲哀天皇は景行天皇の皇子であるとされるヤマトタケルの子とされているが、そもそもヤマトタケルは複数の英雄を融合させた架空の人物であるから、その子もまた実在とするわけにはいかない。そのことを告白するかのように、『日本書紀』の編集者は次のような工作を施している。それは、ヤマトタケルが亡くなったのが西暦で示すと一一三年であるとしているのに、仲哀天皇が亡くなったのは二〇〇年で年齢が五二歳であるというから、誕生の年は一四九年ということになり、父の死後三七年も経って生まれたというふうに矛盾を隠さず書いていることである。この矛盾は修史者の歴史偽造の自白と考えたい。

では、何故、仲哀天皇などという架空の天皇を創作したかと言うと、オキナガタラシ姫の子が後に応神天皇となったので、「天皇の父は天皇でなくてはならない」という観点から、オキナガタラシ姫を皇后であったとする必要が生じ、その夫として仲哀天皇が作られたわけである。

さて、オキナガタラシ姫は、『古事記』にある「日矛の六代後」という系譜を信用すると、ヒボコの渡来は、早ければ三世紀初頭あたりと考えられるから、「神功皇后」が朝鮮に遠征したという時期は四世紀後半ないし五世紀初めのこととなる。また、応神天皇の在位期間は推定方法は省略するが、五世紀前半であると思われるので、第四章の終わりに記した四世紀後半の朝鮮半島の状況と結びつけ、

『記・紀』の記事にいくらかでも真実性があるか否かを検討すべきことになろう。

結論的には、これらの記事は、内容が空虚であり、「三韓はわが国に従うべきだ」という建前を史実化したものに過ぎず、そのほとんどは後世の作文であることは明らかである。しかし、前にも触れたように、「摂政五年紀」にある新羅に対して人質だった「微叱許智《みしこち》」を返したという記事は、「新羅本紀」の四一八年に「未斯斤《みしきん》が倭から逃げ帰る」という話と対応するから、何から何まで虚構として却けるのは正しい態度ではない。

例えば、「神功摂政四七年紀」に述べられている「千熊長彦の新羅派遣」は当人の姓が不明というのであるから信頼性は低いが、「四九年紀」に見られる「荒田別・鹿我別らの百済への派遣」の記事の内容は具体的であり地名も豊富だから、まったくの創作とすることはできないであろう。おそらくは、新羅と百済の間に紛争があり、倭国と百済の往来が新羅によって妨害されたので倭の軍隊が出動したというような史実があり、その事件を先祖の業績として伝えてきた氏族の話を書き込んだものと思われる。

そこで問題になるのは、その時期のことである。高句麗の「広開土王碑」にある「三九一年に、倭が海を渡って、百済と新羅を破った」と読めそうな文言については、その刻文には改竄説があったものの、他の箇所にも「倭」の文字もあるし、「百済本紀」には三九七年に「倭と修交し太子の腆支を人質とした」とあることと、「新羅本紀」にも四世紀後半から五世紀前半にかけて「倭軍の大挙侵入」とか「未斯斤が倭から逃げ帰った」というようなことが記されているから、「倭軍の朝鮮半島への出兵」という事実があったこと自体は否定できないと思う。

ただし、どこの国の正史も自国に不利なことを隠し、有利なことを大げさに書くものであるから、勝敗などの真相は不明と言うべきであろう。とくに、オキナガタラシ姫は実在であるが、「神功皇后」は架空の人物であり、これらの記事は「皇后」の事績として読むのではなく、一定の史実を含むというだけのことであろう。

オキナガタラシ姫の夫は誰か

第二章で述べたように、オキナガタラシ姫は実在の女性であるとすれば、彼女の子が応神天皇になった以上、その父親がいたはずである。それは仲哀天皇ではありえないが、いったいどういう人物であったかを確かめないで、仲哀天皇を抹殺して済ますわけにはいかない。

そのことを推理するには、後に天皇になった皇子――応神の正体を見きわめなくてはならないことになる。別の言い方をすれば、この皇子がどのようにして皇位につけたか、ということを誰にでも納得がいくように説明する必要があるということである。

その結論をだす手懸りは、応神天皇がどういう皇后を選んだかということに隠されているというのが筆者の考え方である。では系譜を次頁に掲げて事実を考えてみよう。

すなわち、筆者が巳百支国王であったと推定した誉田真若は、宇佐にあったと考えられる元邪馬台国の女王卑弥呼をだした尾張・海部氏の系図にある第十二代の建稲種命の娘の金田屋野姫との間に三人の娘をもうけている。そのうちの中姫が後に応神天皇の皇后となり、その二人の姉妹は妃になっているのである。『古事記』では、金田屋野姫のことを志理都紀斗売と記している。では、この事実をどのように解釈するべきであろうか？

(尾張・海部氏)……建稲種命──┬尾張真若刀俾
　　　　　　　　　　　　　└金田屋野姫

景行天皇
　‖──五百木入彦
八坂入姫
　尾張真若刀俾
　　‖──誉田真若
　五百木入彦
　金田屋野姫
　　‖──┬高木入姫
　誉田真若　├中　姫
　　　　　└弟　姫

大海媛
　‖──八坂入彦──八坂入姫
崇神天皇

息長帯姫──応神天皇
中姫
　‖
応神天皇

『記・紀』では、応神天皇は九州生まれであるとしている。そして、後に河内で大王となると、九州の宇佐にいた尾張・海部氏の女性と香春にあったと筆者が推定する已百支国王であった誉田真若との間に生まれた娘たちを后妃に迎え入れている。后妃を九州出身者から選んだことは、けっして偶然ではありえない。むしろ、この皇子が生後間もなくの時期に、この婚約が成立していたのであると筆者は考えている。

ところで、香春は銅鏡を鋳造して宇佐神宮に納める役割をもっていた。そして、香春神社の祭神は「辛国息長大目命」となっている。これはオキナガタラシ姫のことではなかろうか。そうなると、香春にあったと思われる已百支国の王である誉田真若とオキナガタラシ姫とは同郷の知人ということになる。そして、香春出身と思われる女傑オキナガタラシ姫は、祖先の郷である伽耶国あるいは新羅に遠征して九州に帰り、そこで子どもを産んだ。
それからは推理であるが、彼女は実力者であり、イリ王朝の皇位継承権をもっている誉田真若に接近して、「ともどもに近畿地方に進出して大王位を狙おうではないか」という話をもちかけたと考えてみた。その計画の推進には、もう一人「陰の男」がいた。それは武内宿禰でなくてはならない。事実、彼らは「東征」を実行し、武内宿禰の努力によって抵抗者を打ち破り、大王位は彼らの手に入り、結果としてオキナガタラシ姫の子が大王となり彼女はその摂政となった。

この武内宿禰こそ、オキナガタラシ姫の夫であることは言うまでもない。しかし、その正体は謎である。そのことについては、次節以下で考えることにしよう。

以上のシナリオが史実であるとすれば、それを成功させた財力をもった香春の王の誉田真若の力であり、同時にオキナガタラシ姫のシャーマン的な力によるものであろう。この歴史的な大遠征のことを、『記・紀』は「神功皇后の三韓から近畿への帰還」として描いているが、それだけではなく、神話の形でも補強的な事実を述べていると解釈しているのである。

筆者に言わせれば、「日本神話」というものは天皇家の祖先が九州にあった時代、いわば邪馬台国の時代の歴史を「神たちの営み」に仮託しデフォルメした形で描いたものであるに違いないというものである。その視点からこの問題を見るとこういうことになる。

四世紀の末か五世紀になったばかりのころ、アマテラスを思わせるような宇佐・邪馬台国の女王は危機に陥っていた。それは豊後の大野川の中流の大神《おおが》郷を根拠地とする「蛇神族」の大神氏が宇佐の神領を侵していたからである。そこに香春の巳百支国の王であるスサノオになぞらえられそうな誉田真若というたくましい男が現われ、彼女を救い、二人は結ばれて三人の娘ができた。この話を『記・紀』は「八岐の大蛇」の説話として描いたというわけである。

しかも、三人の女の子が生まれたことは、アマテラスとスサノオの「誓約《うけい》」によって「宗像三女神」が誕生したという形で二重に神話化しているのである。

ここで大神氏というのは、七世紀以後、宇佐八幡の禰宜を務める家柄で、同じく宇佐の神官であった宇佐氏とその後数世紀にわたって、激しく対立していた。大和の三輪神社の神官も大三輪氏というが、三輪山の神体は蛇であり、大神郷など祖母山山麓一帯では蛇のことを「ヤアタ・ロ」といい、蛇を祀る神社があるから、大神氏を蛇神族とよぶのは不当なことではないはずである。

また、国東半島の付け根の日出《ひじ》町には「真那井」という地名があり、アマテラスとスサノオの「誓約《うけい》」のときに、「真名井の水」を剣に吹きかけているが、この地はこの「誓約」が行なわれた土地にふさわしい、と言えそうである。しかも、そこは宇佐から遠くなく、海部氏の根拠地に近い所にある。

ところで、宇佐神宮の祭神は、一の御殿が応神天皇で、二の御殿が比咩大神とされているが、それは宗像三女神のことであるとされ、三の御殿が応神天皇の母とされる「神功皇后」となっているが、なぜ、宇佐に応神天皇が祀られているのかについての説明は、これまでなされていなかったが、これですっきり解決がついたと言えるであろう。

武内宿禰と蘇我氏の謎

タケノウチ・スクネという人物は、『日本書紀』には、景行・成務・仲哀・応神・仁徳の五代の天皇に仕えており、少なくとも二四四年は生きていたことになっている巨人として描かれている。しかし、それはあくまで建前であって、真実であるはずはない。そこで、『記・紀』が伝える武内宿禰についての次の系図を見てみよう。

孝元天皇
＝
物部伊香色謎命
――比古布都押之信命――屋主忍男武雄心命
＝
山下影日売
――武内（建内）宿禰

『古事記』の場合は少し違い、彼はヒコフツオシのマコトの子になっているし、その兄弟としてウマシウチ（甘美内・味師内）・スクネがあったとしている。

ところで、佐賀県の杵島郡の武雄市には武雄神社という古い神社がある。その祭神は主神が武内宿禰であり、その他に仲哀天皇・神功皇后・応神天皇が祀られている。したがって、本来のタケノウチ（タケシウチ）・スクネは、この土地のでであると思われる。

右の系図にある山下影日売というのは、紀の直《あたい》氏の遠祖の宇豆比古の娘とされている。そこで、長寿巨人として描かれている武内宿禰の系譜を『古事記』によって示すと、次頁のようになる。

武内宿禰
- 波多八代宿禰（波多・八田氏の祖）
- 許勢小柄（許勢・巨勢氏の祖）
- 蘇我石川（蘇我氏の祖）
- 平群都久宿禰（平群氏の祖）
- 木角宿禰（木・紀氏の祖）
- 葛城襲津彦（葛城氏の祖）

『記』には、そのほかに若子宿禰（江野の財の祖）と二人の女の子がいたとしているが、ここに名前が挙がっている六氏はすべて、五～六世紀の応神王朝で権勢をふるった豪族なのである。しかも、そのすべての発祥の地は九州北部であると思われる。と言うのは、例えば、肥前の基肄《きい》郡と（木・紀）、筑前・早良郡の平群や佐賀平野の巨勢川というふうな地名が見られるのである。羽田・葛木・曽我という地名もある。しかも、もっと興味深い事実は、これらの地名は九州だけではなく、紀伊・河内・大和地方にも揃っているのである。

九州の筑前甘木を中心にした地域と大和地方には、三輪・高田・朝倉・香具山・笠置山・山田・田原・池田・三井など同一の地名群が、同じような配列でセットになって並んでいることは、すでに安本美典氏と奥野正男氏が指摘しており、そのことは、甘木方面にかつて邪馬台国があり、その地の住民が大挙して大和地方に移住したことの証拠として多くの人に認められている。

さて、応神王朝の有力豪族たちがすべて一人の武内宿禰の子孫であったなどということは、とうてい信じることはできない。彼らは兄弟なのではなく、端的に言うならば、応神王朝の設立に貢献した氏族の連合ということになる。しかも、筆者の考察ではタケノウチ・スクネというのは、オキナガタラシ姫の夫であり応神天皇の父と考えられるから、他の蘇我・葛城・平群などの諸族は自己を応神天皇の兄弟的な地位に置くために、自分たちは「巨人としての武内宿禰」の子ということにしたのであろう。ただし、その場合、応神天皇の父としての「覆面のタケノウチ・スクネ」と「巨人としての武内宿禰」とは別人格でなくてはならない。つまり、前者は本名は別にあるがそれを隠し、後者は右の系図にある「紀氏の山下影日売の子の武内宿禰」の子である人物を自らの父親になぞらえたのであろう。

ところが、蘇我氏については、門脇禎二氏が説くように、蘇我石川麿の子の満智は、百済の直(腆)支王が死んだ(四二〇年)時に、年若くして即位した久爾辛王を補佐した大臣の木満致のことであるという見方も有力である。

蘇我氏の系譜は、以後、満智——韓子——高麗——稲目——馬子——蝦夷——入鹿とつづくが、『書紀』によると、それより前、三八二年に、沙至比跪(葛城襲津彦であると考えられている)は新羅にそそのかされて加羅を滅ぼしたので、それに怒った倭の王は木羅斤資を派遣して新羅を討ったとしている。そして、斤資がそこの女に生ませた子が木満智である、ということになる。

一方、新国民社に拠る鹿島昇氏の考えはもっと徹底している。それは、沙至比跪とは名前からみても金官加羅国の六代目の王の坐知(四〇七～四二一在位)のことであるとするものであり、木羅斤資はその兄であり、満知は一代前の伊尸王(三四六～四〇七在位)のことであるとしている。その上で、応神天皇とは百済の腆支王の子の久爾辛王（四二〇〜四二七在位）のことであり、満致（智）すなわち蘇我石川麿を倭国によんで仕えさせたとする。つまり、鹿島氏は葛城襲津彦と蘇我石川麿とは兄弟であるとしているわけである。

このように、タケノウチ・スクネやその子孫とされる人物が百済や金官加羅からの渡来者であるとする説は、もし、彼らが早い時期に九州に渡来して来ていれば、オキナガタラシ姫と結ばれる可能性があるから、必ずしも筆者の意見と矛盾するものではない。

なお、鹿島氏の説が正しいとすれば、『書紀』では襲津彦の娘の磐之媛が仁徳天皇の皇后になっているから、応神系の倭国にとって、金官加羅国とは后妃を出す姻戚氏族であり、葛城・蘇我氏がそれに当たるということになる。

応神王朝と伽耶諸国

五世紀の金官加羅国の王統は、

坐知——吹希——銍知——鉗知——仇亥

とつづいている。一方、倭国では、

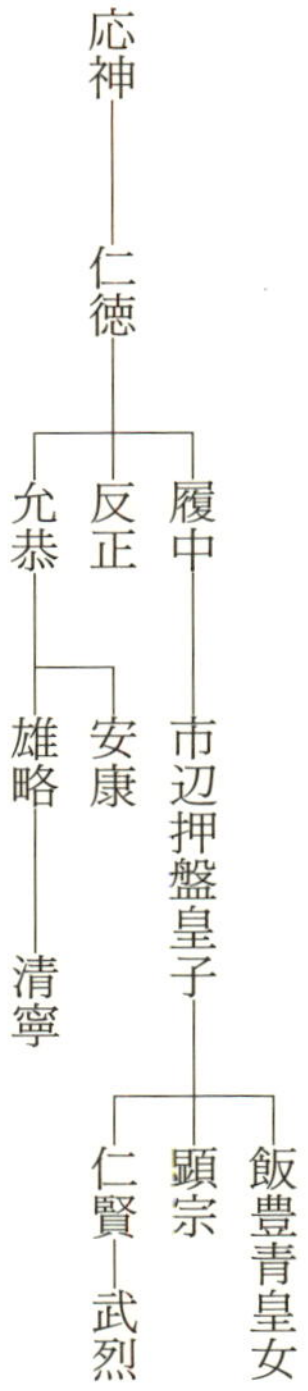

というふうに皇位が継承されたとしている。ただ、その絶対年代については、応神・仁徳同一人物説があり、簡単には割りだせない。すなわち、この二人については、詳細は省略するが、それぞれの皇子たちが名前や運命などがよく似ているだけではなく、していることも共通している。『日本書紀』では、応神天皇は吉備の兄媛を寵愛し、彼女が故郷を恋しがるので帰してやるが、後に淡路島へ狩猟に行った時、吉備にまで出向いている。ところが、『古事記』では、仁徳天皇は吉備の黒比売を召したが皇后の嫉妬を恐れて本国に逃げたのを、淡路行幸を口実として吉備にまででかけて再会したとしている。また、「枯野」という名の船を造る話は、『記』では仁徳天皇のこととしているのに対して、『紀』では応神天皇のしたこととしている。

さらに、『古事記』の応神天皇の段には、「品陀《ほむた》の日の皇子、大雀《おおさざき》、大雀、佩かせる大刀、本つるぎ、末ふゆ。冬木のすからが下木の　さやさや」という歌が載っている。ここで「オオサザキ」とあるのは、応神天皇のこととされているが、これは仁徳天皇の名前である。そこで、直木孝次郎氏らは、このことから、応神・仁徳同一人物説を唱えている。

『日本書紀』の年代が、ほぼ信頼できるようになるのは、五世紀後半の雄略天皇のころであり、そこから逆算すると応神・仁徳（この二人が同一として）時代というのは五世紀の初頭に当たるということ以上は確定できない。しかし、応神天皇に始まる王朝が五世紀の河内・大和地方を支配しており、その勢力は東海・北陸から中国・四国一帯にまで及んでいたことは間違いないと思われる。そして、この王朝がいわゆる「倭の五王」として中国の南宋に朝貢していたことも事実としてよいであろう。また、この王朝の大王には、名前に「ワケ」が付く者が多いので「ワケ王朝」としばしばよばれている。

この王朝は中国の南朝の宋の皇帝に朝貢している。いわゆる「倭の五王」がそれである。そのうちの雄略天皇と思われる「倭王武」は、「祖禰躬ら甲冑をつらね……東毛人を征すること五十五国、西衆夷を服すること六十六国、海北を渡りて平ぐること九十五国」というふうに先祖の武威を誇り、順帝から「使持節都督倭・新羅・任那・加羅・秦韓・慕韓・六国諸軍事、安東大将軍、倭王」に任じられている。

こうしたことは、倭王武にとって「伽耶諸国は先祖の原郷である」という認識があったことを意味しているとすべきであろう。そのことは、その当時、倭の支配がその地方に及んでいたわけではないし、詳しい事情を知らない宋の皇帝に、建前上の虚名を認めてもらったまでのことであろう。

さて、応神王朝を支えた豪族――蘇我・葛城・羽田（波多）・平群・巨（許）勢・紀などの氏族は、いずれも同族的な誼みをもちながら、それぞれ大和平野の要所を占めて勢威をふるったが、相互に支配権をめぐって争い合っていたことも確かである。さらに、『記・紀』が記すところによると、天皇家の内部でも激しい抗争が展開され、多くの皇子たちは不慮の災難によって命を落としている。とりわけ雄略天皇の手によって殺された皇子は数名に及んでいる。

そして、応神系の皇統は、生まれた時から白髪であったというシラガワケ（白髪別。清寧天皇）が皇后も子も残さずに死に、いったん断絶する。しかし、そのときは丹波の国からオケ（億計・意祁）・ヲケ（弘計・袁祁）の二人の皇子を見つけだし、まず弟のヲケが顕宗天皇として立ち、ついで兄のオケが仁賢天皇となって皇位はひとまず途絶えずにすんだ。しかし、武烈天皇が子を残さずに死んだことにより、この王朝は断絶し、かわって応神天皇の五代の子孫であるというオオド（男大迹・袁本杼）王が五〇七年に越前から迎えられて継体天皇として即位し、在位二五年後の五三一年まで大王の地位にあった。

応神王朝では、四六〇年代から七〇年代にかけて、雄略天皇が呉《くれ》（高句麗）と親しく交際をしている。このころ、高句麗は北魏に貢献して新羅を攻めたり、百済に攻撃を加えたりしている。その間、雄略天皇は第二章に記したように、田狭を任那国司として左遷したものの叛逆されるなどの事件もあった。そして、継体天皇の時代になると、『書紀』によれば、任那の土地を百済に割譲させたりして任那の恨みを買っている。しかし、そうした事実は『三国史記・新羅本紀』など朝鮮側の史書には何故か記述されていない。そして、伽耶諸国のうちで最も倭国から近い金官加羅国は五三二年に新羅に投降して滅んでしまう。

六世紀以後の伽耶諸国との関係

五三二年の金官国王の新羅への降伏は突然起こったものではなかった。その数年前から、伽耶諸国の内部では激しい対立・抗争があった。そのころのことについての『日本書紀』の記事は必ずしも信用できないし、記録に二〜三年のズレがあることも考えられる。しかし、「新羅本紀」の記事と重ね合わせてみると、おおよそのことは浮かび上がってくる。

五一四年、新羅の法興《ポプブン》王は「小京を阿尸《あし》村に置いた」とある。「阿尸」というのは「安羅」と同じで現在の咸安《ハナン》のことである。その地は釜山の西にあった金官国のさらに西に当たる。つまり、そのころすでに「安羅」は新羅の勢力下にあったことになる。『史譚紀』によると、五二三年、法興王は南境を巡狩しているが、そこに「南加羅王」が会いに来ている。「新羅本紀」で「加羅王が花嫁を求めた」というのは、その年のことであるから、この南加羅王と同一人物であろう。

それより先、五一二年、百済では高句麗軍の侵入を受け、倭国生まれの武寧王は三、〇〇〇の軍を率い、それを撃退している。『日本書紀』が「哆唎国守の穂積押山が任那の上哆唎《おこしたり》・下哆唎《あろしたり》・娑陀《さだ》・牟婁《むろ》の四県（比定地は不明）を百済に割譲した」と伝えているのはこの年のことである。そして、この時の詔勅には、これらの土地は「大后息長足姫と武内宿禰が海表の藩屏として官家を置いた所」だとしている。そして、その翌年、任那の伴跛国（星山。大邱の西の国）は己汶国（南原？　全羅南道の南東端）の土地を奪ったとの訴えがあったので、朝廷では百済の将軍と新羅・安羅・伴跛の使者を引見し、百済国に対して己汶・帯沙（河東。慶尚南道の南西端）の地を与えたとしている。こうした処置に対し、伴跛国は倭国から離れていったので、物部連らの軍が派遣されたが、撃退されて百済にとどまる。こうして、五二三年、武寧《ムニョン》王は死去する。

さらに、五二七年、近江《おうみの》毛野《けぬ》臣が六万の大軍を率いて任那に行き、新羅に破られた南加羅《ありひしのから》と喙《とく》己呑《ことん》（慶山《キョンサン》。大邱の東）とを任那のために取り返えそうとして新羅に戦いを挑む。この時、筑紫君磐《いわ》井《い》がヤマト王朝に反逆する。しかし、「新羅本紀」はこの戦いについて黙して語らない。

『日本書紀』には、「加羅王は新羅の女を娶り、子がある」としているから、右に述べた「加羅王が花嫁を求めた」という「新羅本紀」の記事を裏書きしている。そして、新羅は加羅の北部の城を次つぎと抜いたので、毛野臣は百済王の使いと安羅で会い対策を練る。こうした時、任那王の己能末多干《このまたかん》岐《き》が倭に来朝する。この「任那王」というのは、どこの王かが問題である。加羅すなわち金官の王でないことは確実である。そうすると、北の大伽耶（高霊）の王なのであろうか？　あるいは、伽耶諸国の全体を統合するような象徴的な王がいたとしなくてはならないのであろうか？

ともあれ、倭の朝廷では、毛野臣に命じて新羅と百済の王を熊川《くまなり》（現公州《クンジュ》）に呼び、任那の復興についての調停を試みさせる。毛野の調停は新羅の拒絶にあう。新羅は金官《キムクワン》・背伐《ペボル》・安多・委陀の四村（別説では、多々羅《たたら》・須那羅《すなら》・和気《わけ》・費智）を掠め取ってこれに応えたのである。

熊川で無為に日を過ごすことになった近江毛野臣は、その地で横暴な振舞いがあったので帰朝命令がだされ、帰国の途中で病死してしまう。

そうこうしているうちに、五二七年、継体天皇が亡くなり、倭国の手による「任那の再建」は見送りになってしまう。その矢先、五三二年には金官加羅国王は新羅に降伏する。

ここで問題になるのは、継体天皇の死去と、その嫡子であると『書紀』が記している欽明天皇の即位の年が何年かということになる。『日本書紀』では、継体の死を五三一年としながら、「或る本」の説として、それより三年後のこととしている。また、別に、「百済本紀」によるものとして「日本の天皇・太子・皇子ともに崩り薨せぬと」という説を紹介している。

『書紀』では、その次に安閑・宣化の二天皇が在位したかのように述べ、欽明の即位は五四〇年のことだとしている。しかし、『聖徳法王帝説』や『元興寺縁起』では、それより八年早い五三二年から欽明の時代が始まっているとされており、そのほうが信頼度が高い。つまり、安閑・宣化の二天皇は即位しておらず、『書紀』がわざわざ右の「太子・皇子の死」という説を紹介したところから、真実はこの二人が殺されたことを暗に伝えるものと考えられる。

なお新羅によって「任那」すなわち伽耶諸国が征服ないし併合されたことを物語るように、高霊・大邱以下洛東江の西岸の一帯の遺跡からの出土物は、それまで見られた固有の様式が色あせ、次第に新羅風が濃厚になっている。

任那復興会議

『日本書紀』によると、継体の死後、九年して欽明が即位したことになっているが、その在位期間を通じて目立つのは、任那から新羅勢力を除き、その再建をはかることに異常なほどの執念を燃やし、努力を重ねていることだ。

欽明二年と五年には、「任那復興会議」が開かれたとしている。どちらも倭国から百済に使節が派遣され、伽耶諸国の代表が参加している。その顔触れは、百済の聖明王（聖王）を中心とし、安羅・加羅・卒麻・散半奚・多羅・斯二岐・子他・久嵯の旱岐（首長）、それに倭の任那日本府の代表となっている。

ここで早岐というのは、モンゴルなどの騎馬民族で使われていた用語であり、伽耶諸国の首長が北アジア系であった有力な証拠であることに注目すべきであろう。会議では、百済の聖明王は「任那の国と吾が百済と、古より以来、子弟たらむことを約べり」と言い、新羅の無道を非難し、任那の復興の策を提案したりしている。

「欽明紀」を見るとその三二年間の記事のほとんどは百済・高句麗・新羅の三国間の朝鮮半島における覇権の争いに関するもので埋められており、それ以外の記事と言えば、蘇我・物部の仏教の受容・排斥問題くらいのものである。したがって、『三国本紀』を見ても三国間の攻防について詳しく述べているから、任那復興会議については『書紀』だけにしか記されていないからと言って、「こういう事実は無かった」とする根拠は無さそうに思える。

『三国本紀』によれば、五五一年から翌年にかけて、新羅は高句麗領内に進出して新州を置いたのに対して、百済は五五四年に管山城で新羅と戦って聖明王は戦死している。つまり、百済としては宿敵である新羅に対抗する必要上からも、倭国と組んで「任那復興」をはかることは戦略的にきわめて有効な策であったということになる。しかし、五六二年には新羅は高霊を攻めて大伽耶国を滅ぼしている。これらによって、伽耶諸国はことごとく新羅の支配下に入ってしまう。

したがって、「任那日本府」などというものは「皇国史観の産物であり、その存在を肯定しようとするような歴史解釈は許せない」というような批判は偏見に過ぎない。問題は、任那に日本府があり倭国の支配地であったか否かではなく、当時、百済と倭国が対新羅連合戦線の結成をはかっていたか否かが論議されるべきことになる。

もちろん、「任那日本府」なるものは『日本書紀』にしか存在を認める資料はないし、その官職制もまったく不明だし、その存在を示す遺物らしいものは片鱗も見つかっていないから、『書紀』が述べるような「日本府」というものは「幻の存在」なのかもしれない。とは言うものの、任那すなわち伽耶地方はかつて多数の倭人が住んでおり、天皇家や諸豪族にとって原郷とも言うべき所であるから、その当時でも相当数の倭人はいたに違いない。したがって、「日本府」を「朝鮮半島内のヤマト王朝の出先機関」と言うべきものではなく、今日的な表現をするとすれば「在韓倭人領事館」のようなものとすれば、そういうものがあったとしても少しも不思議ではないし、むしろ何らかの倭人の駐在員がいなかったとするほうが不自然なのではなかろうか？　そして、それは「倭館」ないし「倭府」と呼ばれていたことであろう。事実、大邱の北西、星州の北東には「倭館《ウェイガン》」という地名がある。それが「日本府」の跡とする根拠はないが、何かしら暗示的なものを感じさせる。

欽明天皇の次の敏達天皇の時代にも、五八三年には「任那復興」のために日羅が百済から召喚されたとあり、わずか五年しか在位しなかった崇峻天皇でさえ「任那再興軍」を編成して筑紫にまで派遣している。推古天皇に至っては、六〇〇年に任那の二国が新羅と戦ったので境部臣らを従軍させ、一時的に二国を復興させたとしているし、六〇二年と六〇三年には、来目皇子と当麻皇子とを「打撃新羅将軍」に任命し、軍の動員までしたが二度とも遠征中止になっている。六一一年には、「新羅と任那が朝貢して来た」とあるが、これは一時的和平の使者であろう。

越えて、六六〇年に唐と結んだ新羅が百済の泗沘城を陥すと、斉明天皇は「百済救援」を決意して筑紫にまで出陣し、その地で亡くなる。その遺志をついだ天智天皇は、豊璋を百済に送り国の復興を策し、ついに海を越えて兵を送り、六六三年、白村江で大敗してしまう。このように、六〜七世紀のヤマト王朝は、再三にわたって朝鮮半島への出兵を画策し、最後にはそれを実現したものの失敗に終わっている。その執拗さは異常なばかりである。それは「失われたかつての植民地」を取り戻そうといった感傷的なものではなく、「かつての祖国への復帰」の願望であったと言いたくなるほどの痛烈な衝動に駆られたもののように思えてならない。

このように欽明王朝が「任那復興」に対して異常に熱心であるのは何故であろうか？　それは、この王朝の本質に関わる問題であるので、その疑問について考えていきたい。

欽明天皇は亡命金官加羅国王か？

『日本書紀』の欽明天皇についての記述の仕方からは、数かずの疑問が浮かび上がってくる。

① 欽明天皇の倭風諡号は「天国排開広庭《あまくにおしひらきひろにわ》天皇」となっていて、新王朝を開いた人にふさわしいのではないか？

② その皇后は異母兄の宣化天皇の娘の石姫であり、前帝の娘を娶るのは簒奪者だったのではないか？

③ 即位前の記述に、「父が熱愛していた」とか、奇妙な夢物語――秦《はた》の大津父《おおつち》の「皇位につく人である」という予言は皇子に対するものとしては不自然であり作り話臭い。

④ 没年が「年若干」としてある。「記録が欠けていた」とは考えにくい。

⑤ 異常に「任那復興」に情熱を燃やす根拠が不明である。朝鮮関係以外の記事は何故かほとんど

記されていない。

⑥『日本書紀』の記述法が、欽明からはまるで革命的に変化している。安閑・宣化と同じ兄弟ならそういう扱いにはならないはずである。

⑦『聖徳法王帝説』や『元興寺縁起』では、欽明の在位を四〇年あるいは四一年としているが、それが正しいとすると、金官加羅の滅亡した五三二年の即位となる。

右のような疑問に対する唯一の解答は「彼が金官加羅の王族であったから」でなくてはならない。「新羅本紀」には、五三二年に「金官国王の金仇亥が王妃および三王子とともに国の財物や宝物をもって来降した。……王は、本国をその食邑として与えた」としている。この五三二年というのは、『書紀』に記されている継体天皇の没年の翌年に当たる。そして、第二章で疑問を提供したように、その後を皇子である安閑・宣化の二人が皇位をつぎ、欽明天皇は五四〇年に即位したことになっている。しかし、欽明即位が五三二年という説が認められるとすると、可能性のある解釈としては、実際の天皇は欽明であったが、形式的に二人の天皇が即位していたのか、あるいは、この二人の皇子は暗殺などの方法で排除されており、そのことを知っていた修史官が事実を隠して嘘の記録を作ったのか、そのどちらかであろう。後者の可能性が高いと思う。

もし、欽明天皇が金官国からの亡命者であったとすれば、鹿島昇氏の説をまつまでもなく、それを受け入れたのは朝鮮との縁が深い蘇我氏であることは間違いないであろう。

もう一つ、注目すべき事実がある。欽明の血筋をひく皇族の名に「豊」の文字がつく者が多いという点である。子の用明天皇は「橘豊日《たちばなのとよひ》」だし、推古天皇は「豊御食炊屋《とよみけかしきや》」である。このことは、欽明は一時、豊国にいたか、その地と関係の深い国から来たことを意味していないか？

いずれにしても、欽明が開いた新王朝の皇子たちは、舒明天皇を除いてすべて蘇我氏の娘を后妃に入れるか、母が蘇我氏のでとなっている。このことは、六世紀前半から約一世紀のヤマト王朝の実質的支配者が蘇我氏であったことを雄弁に語っている。

そして、その後の時代でも、舒明天皇は百済式の葬式をしているし、天智天皇の時代には亡国百済の救済のために白村江の戦いを敢行し、敗戦後に多くの百済人を受け入れている。このように、五世紀ごろから倭国の大王たちは、かなり積極的に百済に肩入れをし、新羅には対抗的な姿勢をとっている。その意味するところは何であろうか？

最後に、欽明以後、聖徳太子や後の桓武天皇の背後にあって経済的な勢力をふるった秦氏について少しく目を向けてみよう。秦氏については、『日本書紀』では「応神天皇の一四年に渡来した弓月《ゆづき》の君の子孫」ということになっており、朝廷の伴造《とものみやつこ》（特定の技術的職業に従事する者を統括する氏族）として太秦《うずまさ》公の名で呼ばれている。

彌勒菩薩思惟像で有名な京都の太秦の広隆寺（蜂岡寺）の『縁起』には、秦氏の系図が載っており、それによると、

秦始皇帝………孝武王――功満王――融通王――普洞――秦公酒

という系譜になっている。その真否は確かめようはないが、その祖先は中国から朝鮮を経て倭国にや

って来たことは間違いない。朝鮮での在地については、波陀とする説もあるし、「ハタ」とは海のことを意味する朝鮮語で、秦氏は渡来者というだけのことだとする見方もある。

また、日本に古代の西アジアからユダヤ（イスラエル）系の文化をもった人たちが渡来してきたとする説を唱える人たちは、秦氏こそそれである、としている。秦氏にかぎらず、安曇氏や宇佐氏などについても同じように遠く西アジアからやって来たということが唱えられていることも付記しておく。

第八章　それぞれの道を歩んで

古代から中世へ

七世紀から八世紀にかけて、ユーラシア大陸では各地域ごとに新しい体制化が進み、ヨーロッパにはキリスト教世界、南西アジアにはイスラム教のサラセン帝国の世界、中央アジアから北アジアには遊牧騎馬民族世界、そして、中国には律令官僚制の下に唐帝国の世界が生まれ、南アジアと東南アジアでは混沌状態がつづいていたが、それぞれの地域では独自の文化が成熟してゆき、新しい民族編成の道を着実に歩み始めた。

朝鮮半島では、新羅が唐の律令制を導入してにわかに力をつけ、六六三年には百済を、六六八年には高句麗を滅ぼし全半島を統一した。倭国では、六四五年の「大化の改新」の後、六六二年に成立した天智天皇の近江王朝は国号を「日本」と変え、律令国家への転換を目ざしたが、亡命百済王室の貴族や人民の流入もあり混乱に陥っていたが、天皇の死後、吉野で蜂起した大海人《おおあま》——後の天武天皇が起こした「壬申の乱」の結果、飛鳥王朝が新たに天皇独裁の支配体制を建設する道を歩むようになった。

このような「日本誕生」の背景には、四世紀以来、続ぞくと渡来して来た百済・新羅・高句麗人が経済と文化面において新風を吹き込んだだけでなく、朝鮮半島内部の三国間の対立・抗争を日本列島内部に持ち込んだため、豪族間の闘争や地域間の軋轢さえ起こった。物部氏と蘇我氏との仏教受容をめぐる対立も「壬申の乱」も、その意味で一種の代理戦争の観があった。

このへんの事情については、次々節でも考察してみたいが、近年、多くの論者によって真相の解明の試みがなされている。いずれにしても、天武・持統の時代を経て、七一〇年の平城京への遷都によって始まった奈良時代においては、藤原氏が指導的立場にあって国家体制の確立に努めた。すなわち、一方では神祇官を置き民族の伝統を強調する神道を指導原理としながら、他方では儒教的な律令制度の導入・確立をはかり、同時に仏教を奨励して内部矛盾の昇華を策した。しかし、目標とした中央集権制度は期待どおりには進行せず、「日本」という新しい民族の統一はまだ完成したとは言えない状況にあった。

そして、七八一年に百済系の勢力に支えられて即位した桓武天皇は、東北地方の「蝦夷」の反抗に手を焼き、その征服に一応成功するや、七九四年に平安遷都を行なったことによって、ようやく国家的統一を実現した。こうして、平安時代になると遣唐使は廃止され、以後、「国風文化」が形成されることになる。以後、一二〇〇年にわたる「日本国」の歴史が本格的に始まる。

差別の原点としての「帰化」思想

第六章以後、筆者が試みた「日本古代史の復元」のシナリオは、朝鮮半島南部にあった伽耶諸国が浦上八国の海人たちと組んで、次つぎと日本列島に渡来して多くの小国家を作り、それが統合されてヤマト王朝が成立した――というものであった。しかし、その構想の各部面については、まだまだ検討すべき問題は残っているが、一応の筋が通った仮説の体系を作ることはできたと思う。

そして、このような古代史の認識の上に立って、今後、韓国・朝鮮を初めとするアジアの諸民族と公正な立場で相互の友好を強めようとする時、まだまだ解明しておかなくてはならない歴史理解のための課題は多い。また、端的に言うならば、東アジアの古代から現代に至る歴史についての認識について、学問・言論の世界においても教育の場にあっても、日本国内はもとよりアジア諸民族の間には大きなズレがあるままに放置されている。そのため、国家間のレベルにあっては、いまだに相互の不信は解消したとは言えない状況にあるとしないわけにはいかない。

そこで、残された課題について少しばかり取り組んでみたいと思う。最初に、古代史にしばしば現われる「渡来人」という概念について触れておこう。一九七〇年代までは、中国や朝鮮からの渡来者のことを「帰化人」と呼ぶのが一般的であった。それは『日本書紀』がツヌガアラシトについて「日本国に聖皇有りと聞きて帰化す」と記していることによったものである。「帰化」という言葉は、「中華帝国」に渡来した者がその社会に奴隷としてでなく受け入れられるためにとった態度に起源がある。つまり「王化に浴する」ことによって文明のお裾分けを頂戴するということであった。「倭国」が「日本」として再誕生した時、自らを「小中華」として意識し、もともとは朝鮮からの渡来者であった人びとが、その事実についての記録と記憶を抹殺し、その渡来順位に基づいて『新撰姓氏録』では、「神別」・「皇別」・「蕃別」といった基準で各氏族をランクづけしたものである。

これに対して、『古事記』や『風土記』のほうは、単に「渡来」という文字を使っている。しかし、五世紀以前の渡来者である天皇家や諸豪族は自らの出自はひたすらに隠し、それ以後の渡来者との間に一線を劃していたことには変わりはない。

もう一つ、古代文化を支えてきた「弥生人」たちは、それ以前の住民である「縄文人」をどう扱ってきたかが問題となる。そのうちの相当数は「弥生人」を平和的に受け入れ、従順に新社会体制下の服属民として使役されるようになり、下人として生きることになったものと思われるが、あくまでも抵抗した人たちは蝦夷とか毛人として疎外され、討伐の対象とされてきたことも忘れるわけにはいかない。「弥生人」は「縄文人」にとって差別者であったことになる。

このように、現時点での優越者が少数派——新入りや脱落者・異質者を差別することの歴史の原点は古代に根ざしたものであり、今日に至っても、「他所者」・「部外者」・「外人」・「助っ人」・「転校生」などの差別用語が堂々とまかりとおっている。そして、それが日本社会の風土的な伝統として受けつがれている。つまり、どの集団にも「生え抜き」の純粋なメンバーとそれ以外の「半端者」がいて、後者と前者の間には一線が引かれ、後者は前者の決めたルールに無条件に従い、絶対服従を誓わないかぎり「一人前」の扱いは許されないことになっている。

このことは、日本社会があたかも「秘密結社」でもあるかのように、「ヤマト魂」という無形の遺産を守り抜く集団として自己規定する閉鎖社会であることを意味し、ユダヤ人や有色人種を差別してきた欧米白人社会とは別種の差別の伝統を培ってきたのである。

したがって、日本社会の差別の原点は、遠く一〇〇〇年以上も昔に存在し、人間の移動の乏しさと、

「島国」という抜き差しならない閉鎖状況が、それを温存してきたことを確認しておきたい。

新羅系と百済系との対立の謎

『記・紀』では、「新羅」と書いて「シラギ」と読ませ、「百済」と書いて「クダラ」と読ませている。そもそも「新羅」は「シルラ」と読むのが本来であって、それに「ギ」が付けば「シルラの奴ら」という意味合いになる。「百済」は「ペクチェ」と読まれていたものを、いろいろな説はあるが、「偉大なるわれらが母国」といったような想いをこめて「クダラ」と読むことにされたものである。それは、ヤマト王朝の史官には百済の貴須王の六代目の子孫と称する王辰爾からでた「史氏」があり、それに白村江の敗戦の後に渡来した百済人が加わったからに違いない。

それはともあれ、七世紀末のヤマト王朝をめぐる豪族群の間では「新羅系」と「百済系」との抗争はきわめて激しいものがあった。「壬申の乱」の背景には、近江の天智王朝が主として「百済系」の勢力によって支持されていたのに対して、飛鳥に隠遁した大海人《おおあま》皇子は、美濃周辺の「新羅系」の人びとに加えて、反近江派の豪族の応援を得て革命に決起して成功している。この件については、すでに多くの研究が発表されているので省略するが、その背景として「天智・天武非兄弟説」が唱えられていることは看過することは許されないであろう。

そもそも、この「兄弟」の共通の父とされている舒明天皇は明らかに「百済系」と言うよりも「百済人そのもの」と言いたくなるくらいである。『日本書紀』もそのことを認め、舒明天皇は晩年を百済宮で過ごし、その崩御には時をおかず百済から弔問使が来ている。そして、その葬儀の礼のことを

「百済大殯《くだらのおおもがり》」とよんでいる。舒明の倭風諡号は「息長足日広額《おきながたらしひろぬか》」となっており、そのかぎりでは「神功皇后」と同じ「多羅系」とも思えてくる。

この舒明の系譜はどうも信用しがたい。その曾祖父は欽明で、その子の敏達と広姫皇后（息長真手王の娘）の子の押坂彦人大兄の子で若いころの名を田村皇子と言ったとされている。広姫皇后の母は敏達と春日仲君の娘の老女子夫人という。やはり百済系の血が混じっているのであろうか？

小林惠子氏は、舒明（六二九〜六四一在位）とは百済の余璋・武王（六〇〇〜六四一在位）その人のことで、それをダブル・イメージで記述したものであるとしているが、同一人物が同時に二カ所で活躍している点についての解明に不満が残る。

また、天智・天武の「兄弟」の母の宝皇女（皇極・斉明天皇）は、推古天皇の孫の茅渟王と推古天皇の姪の吉備姫の間の娘とされているが、天智・天武の他に間人皇女《はしひと》（孝徳天皇妃）を生んでいる。間人という名前には、もう一人、聖徳太子の母の穴穂部《あなほべ》間人皇后（用明天皇の皇后）がいる。彼女は、欽明天皇と蘇我小姉君（稲目の娘）の間の子とされている。

余談になるが、筆者には「間人」と書いて「ハシヒト」と読ませているのは、実は、「波斯《はし》人すなわちペルシャ人」のことではないか、という思いに駆られてならない。つまり、小姉君も宝皇女もペルシャ人の血をうけているのではないか、という疑いがあるというのである。たしかに、宝皇女は嶺の上に「天宮」を建てたり「狂心の渠」と呼ばれる運河を掘ったりするエクセントリックな行為が見られる。これはペルシャの文化の影響ではなかろうか？　聖徳太子にも同じように「日本人離れ」した面が色濃く見られる。この辺にも大きな謎が秘められている。

さて、「天智・天武の非兄弟説」の最大の理由は、諸書の記す二人の年齢が、弟のはずの天武のほうが上になっていることと、この両者はお互いに自分の娘を相手の子たちの妃として入れているだけでなく、天武の皇后の鸕野讃良《うのさらら》皇女（持統天皇）は「実兄」の娘になっている。こういうことは外婚制の騎馬民族には考えられないことである。もちろん、この王朝が騎馬民族ではない、というのなら話は別であるが、どう見ても異常な縁組であることは誰の目にも明らかである。

ここでは、「天武の正体」については、小林惠子氏が高句麗の高官だった泉蓋蘇文《チョンゲソムン》の後身であるとする説に触れておこう。蘇文は唐軍が高句麗を攻撃し始めた六四五年の前年に高句麗史から名前が消え、『日本書紀』の皇極元年条に大臣伊梨何須弥《いりかすみ》として登場し、以後、大海人皇子として倭国の朝廷に参入したという仮説を提示している。

それによると、この人物が後に「日本天皇」となったので、『書紀』はその母として宝皇女を選び、彼女が舒明天皇と結婚する前に高向王との間に漢皇子という子がいたと記し、それが大海人の前身であるかのように匂わせた上で、大海人を舒明・皇極の間の皇子とし、天智の弟として位置づけるという手の込んだ操作をしたと論じている。その他、大海人を新羅の金多遂とする説などがあるが、ここでは天智・天武の両者には血縁関係が無いことだけを確認しておきたい。

ところで、「壬申の乱」の際に、大海人皇子を支持したのは反百済系勢力であったし、六七三年から以後の約一世紀の間は天武の血統が天皇位をつぎ、それまでの「親百済系」の時代とは、明白に異なる政治姿勢が奈良時代をつうじて保たれていた。ただし、単純に「天武系は親新羅だった」とは言いえない。とは言え、七七〇年に、天智の孫の光仁天皇が即位し、さらにその子の桓武天皇となると、はっきり「百済系」になる。と言うのは、すでに滅亡して百年以上にもなった「百済王家」は日本で豪族として復活しており、桓武の妃・嬪はほとんどがその家からでているからである。しかも、桓武の母の高野新笠も百済の帰化人の娘であり、ここに新百済王朝が誕生している。

古代から中世以後の日本列島と東アジア

本書は主として古代史の謎の解明を目標とするものであるが、やはり締め括りとして、それ以後、現代に至るまでの歴史も概観すべきであると思う。そこで取り急ぎ、それからの世界——とりわけ東アジアの動きを見ることにしよう。

七世紀の朝鮮では統一新羅王朝が成立し、八世紀の日本列島では奈良王朝ができた。これによって両国には初期の民族国家が完成したことになる。そもそも民族とは内部に異質の要素を含みながら、それらを「一つの共同体」として意識しようというものである。それは矛盾を抱えたまま同じ運命によって結ばれたものとして生活の基盤としようとするものである。

一四世紀の南北朝時代に、北畠親房は『神皇正統紀』を著し、その中で「異朝の一書に、日本は呉の太伯の後なり、といへり。返々あたらぬことなり。昔、日本は三韓と同種なり、と云事《いうこと》のありし、かの書をば、桓武の御代にやきすてられしなり」と書いている。そのことは、周囲を百済の女たちに囲まれ、自分が百済王室の出であることを自覚していた桓武天皇にとって、「天皇家の祖先は三韓にある」という記録を焚書によって除く必要があったと考えた事実を南朝の忠臣の親房が「史実として後世に書き残しておいた」ことを意味している。つまり、日本という民族の内部の矛盾を意識し、しかもそれを克服すべしと論じていることになる。

この桓武天皇の子孫からは「桓武平氏」がでる。一方、その六代後の清和天皇の後からは「清和源氏」がでている。いずれも、東国に下向した皇子が、集団として関東地方に住んでいた朝鮮系の人たちを糾合して武装させ「武士団」を作り、その棟梁となったわけである。

その場合、「平氏」となったのは「百済系」で、「源氏」になったのは「新羅系」であったことに注目したい。「平氏」も「百済人」も赤色をシンボルとし、「源氏」と「新羅人」は白色を愛している。源氏の中には、新羅三郎という名も見られるし、その集団には新羅の若手の武士団である「花郎《ファラン》」の面影がちらつく。ただし、新羅系と組んだ天武天皇が赤色を好んだのは彼が漢の高祖に自らを擬らえたからであって、百済系の「平氏」とは関係ない。

中世の日本では、自分たちの出自について、それが韓土につながっていることをほとんどの人たちは明確に意識していたに違いない。新羅系の人たちと百済系の連中を「百済なる人――クダラナイ奴」と罵り、「ペクチェ（百済）」を訛り「ペケ」と嘲っていたことであろう。「ペケ」を漢字で書けば「平家」となる。それに対して、百済系の人は新羅系を「シラジラしい」とか「シラっぱくれる」といったふうに警戒していたことになる。

しかし、大陸との交通は平安時代の初期に止まり、一種の鎖国がつづくと「国風文化」が次第に形成されるようになり、次第に先祖のことは努めて忘れようとし、「神国日本」を強調する傾向が現われてくる。それでも、源氏から政権を奪った北条氏は「平氏」で、それを打倒した新田・足利は「源氏」のでであった。そこで、織田・豊臣は「平氏」を称している。徳川は「源氏」を名乗る。

一方、朝鮮半島では六七六年に「統一新羅」の王朝が確立すると、仏教を重んじ、唐の律令制度を導入し、全土の一体化すなわち一つの民族の確立への道が歩まれた。しかし、その期間は必ずしも長くなく、九一九年には、新羅王敬順は北方系の高句麗に降伏し、新たに「高麗王朝」が誕生する。

この王朝は、禅宗を重んじ、科挙の制度を導入し、官僚制度を確立した。それとともに、人びとには本貫を根拠とする姓氏集団制度を定め「家」と「身分」の意識を高め、民族の統一を推進していく。そして、一一四五年には、金富軾によって『三国史記』が編集される。

ところが、中国では、九〇七年に唐が滅亡し、北方系民族の侵入による「五代十六国」の騒乱時代を経て、九六〇年には「宋王朝」が建てられて漢民族による「中華帝国」が建設された。

しかし、一二七一年、モンゴルの第五世フビライ汗によって「元帝国」の名のもとに中国は支配されてしまう。また、高麗は心ならずも「元」の支配に屈し、一二七四年と一二八一年の二回の「元寇」の軍に組み入れられ、日本への攻撃に参加することになる。

それから約四〇〇年間、中国から朝鮮の海岸では「和寇」が暴威を揮った。これは、日本人を主体とする東アジアの海賊集団で各地の海岸に貿易を装って到来し、掠奪をほしいままにしたものである。

一三六八年、中国では朱全忠によって「元」は倒され、「明」帝国が建設される。高麗では、「明」の討伐を命じられた李成桂《イソンゲ》は叛旗を翻して高麗王朝を討ち、国号を「朝鮮」(一三九二年)とする。

この「李氏朝鮮」は漢陽(ソウル)に都を定め、和寇を討伐し、儒教(朱子学)を国教化し民族意識を高める政策をとった。一四四三年には、訓民正音(ハングル)文字も制定された。これは子音と母音をあたかも漢字の偏と旁《つくり》のように結びつけるというきわめて独創的かつ合理的なもので、今日、韓国の市街地の看板などにはローマ字はあっても日本の植民地時代まで氾濫していた漢字はほとんど見られず、民族主義の政策からハングルが広く愛用されている。

この「李王朝」を襲ったのが「壬申倭乱《イムジンウエイラン》」であった。一五九二・一五九七年には、豊臣秀吉は明帝国を征服すると称して大軍を朝鮮半島に上陸させた。その攻撃軍の統率者には浮田秀家・小西行長など先祖が朝鮮からでている者が選ばれている。日本軍は各地を侵略して平壌近くまで進出したが、名将李舜臣《イスンシン》に指揮される水軍や自発的に立ち上がった農民・僧侶・儒学者などの組織的反撃によって侵略は失敗に終わっている。

この戦いのことは、日本では「秀吉の晩年の精神錯乱のせいである」というふうに軽く見られているが、朝鮮・韓国人の心には今日でも「壬申倭乱」として深く焼きつけられている。

なお、この時、朝鮮出兵に参加した肥前・長門・薩摩などの藩では陶工などの技術者を拉致して帰り有田焼・萩焼などの開発指導をさせている。その一方、朝鮮側に味方し、それまで朝鮮になかった鉄砲の製造を指導した日本人集団もあった。それは沙也可とよばれていたが、秀吉に討たれた紀州の雑賀衆のことと思われる。その子孫は、母国を捨て今日でも大邱に近い友鹿洞《ユロクドン》に住んでいる。

「壬申倭乱」の講和は対馬の宗氏が苦肉の欺策を用い、朝鮮側の名誉を保ち成立させ、以後、江戸時代を通じて両国の往来の中継の役を担い、一藩の努力で平和的国交を支えてきた。その仲立ちをした人物としては、誠実な儒者だった雨森芳洲がいるが、その名は日本よりも朝鮮で名高い。

近現代史における日本と朝鮮

江戸時代には、一六〇七年から一八一一年まで、一二回にわたって朝鮮の修交使・通信使がやって来て徳川幕府と交流している。第九次朝鮮通信使（一七一九年）の申維翰は「家康は秀頼を立て、久しからずしてこれを撃滅した。ついに平（豊臣）氏一族を誅し、源氏の旧物をことごとく復した」と評している。このころでも、朝鮮では、「日本には源（新羅）氏と平（百済）二系統の勢力が対抗している」という認識をもっていたことがわかる。そして、百済系は好ましからぬ勢力とみなされていたことになる。

李王朝は日本同様に鎖国政策をとっていた。ところが、日本は幕末に開国に方向転換したのに対して、朝鮮は依然として鎖国方針を堅持していた。そこで、明治四（一八七一）年、日本政府は朝鮮政府に対して開国を勧告し、その実現をはかるため、明治八年に漢江の河口の江華島付近に軍艦を派遣したところ、朝鮮側から砲撃を受けたということを口実にして、日本側が領事裁判権を有する不平等条約の受諾を強要し、さらに朝鮮が鎖国政策を放棄するよう圧力を加えた。

さらに、明治六（一八七三）年には、日本政府部内で「征韓論」の可否をめぐって対立が起こり西郷隆盛が下野している。西郷の「征韓論」の真意については種々の解釈はあるが、日本政府の立場が、韓国のあり方を自国の利益に即して左右しようとしたものであったことに変わりはない。こうして突然欧米諸国と交際することになり資本主義経済の荒波を被るようになった朝鮮では、農民暴動など内部に混乱が生じた。

そして、日本は清国（一六一六年、ツングース系の愛親覚羅《アイチンジョロ》氏の建てた帝国）と朝鮮半島の覇権をめぐって対立が生まれ、日本は「東学党農民闘争」を鎮圧しようとする李王朝を救ける形で出兵し、一八九四年、日本の朝鮮進出を阻止しようとする清国と朝鮮本土で戦うことになった。結果は日本の勝利となり、清国が保有していた台湾島を領土として奪い、さらに遼東半島の租借権を得たが、独・仏・露三国の干渉で半島は返還した。

かくて、その一〇年後には、ロシヤ帝国と東アジアにおける覇権をめぐって日露戦争が起こった。日本は局外中立を宣言する李王朝の意向を完全に無視して、逆に圧力をかけ「日韓議定書」を承認させることにより、朝鮮全土を当然のように占領し、そこを基地として大軍を送り、旅順に立て籠るロシア軍を攻め、さらに日本海海戦でも大勝した。

そして、アメリカの斡旋でポーツマス条約の締結に漕ぎつけ、樺太（サハリン）の南部の領有権を手にした。さらに条約では満州（中国の東北地方）の利権――南満州鉄道の営業権などを得たほか、大連・旅順などの都市のある遼東半島を中国から九九年間租借する権利を手に入れ、その地に関東軍を駐留させることになった。こうして、朝鮮は事実上、日本の支配下に置かれた。

これより先、一八九五年四月、韓国の外交権を日本に移す「韓国保護領化」の条約の締結を直接に李王につきつけて、強要して承諾させた。その上、排日・親露をはかりつつあった李王の閔妃《ミンピ》を日本公使の三浦梧楼は日本軍人を指揮して景福宮に襲撃して殺害した。そして、二年後には李王朝は国号を「韓国」と改め、皇帝を称することとなった。

こうした日本の暴挙に怒った安重根《アンジュングン》は、一九〇九年、満州旅行中の初代韓国統監だった伊藤博文をハルビン駅頭で射殺した。「伊藤、殺さる」の報は朝鮮全土で歓呼をもって迎えられ、安を愛国者として讃え、各地で祝賀の集まりさえ開かれた。

ところが、これに怒った日本政府は、翌一九一〇年、韓国皇帝に対して強圧をかけ、「韓国併合に関する条約」に調印させた。その第一条には、「韓国皇帝陛下は、韓国全土に関する一切の統治権を完全かつ永久に日本国皇帝陛下に譲渡する」と記されていた。

こうして、日本は欧米諸国に見ならいアジアにおける唯一の帝国主義国となった。朝鮮の統治のために、総督府が置かれ陸海軍の武官が就任し、立法・司法・行政・軍事の全権を掌握した。かくて、朝鮮の国有財産はすべて日本の所有に移され、日本資本の投下と収益が保証され完全な植民地体制が確立され、朝鮮人民からの収奪が大規模に公然として始められた。

このような中で、一九一四年、第一次世界大戦が始まると、日本政府はイギリスからの要請もないにもかかわらず、「日英同盟を守る」という口実で参戦し、中国の山東半島の青島にあったドイツ軍基地と、ドイツの領土だった南洋諸島を攻撃して占領してしまった。

植民地朝鮮とその独立

一九一九年のベルサイユ会議では「民族自立」が謳い文句とされていた。そのスローガンを信じた朝鮮の人民は、三月一日、旧国王高祖の葬儀に便乗して全土で「独立万歳」を叫び行動を開始した。この「三・一運動」は自然発生的なものであったが、その勢いは止めがたいものがあり、総督府の弾圧をよんだ。そして、七、六〇〇人の死者と数万人の負傷者と五万人の逮捕者がでるにおよんだ。この運動に驚いた総督府は、これまでの武断政治を文治主義に変えることとし、教育による「皇民化」

をはかり、朝鮮の姓を禁止し日本式の名字を名乗る「創氏改名」が強行されるようになり、さらに各地に神社が建てられ日本の神を拝むことと、天皇を崇拝することが強要された。また、生活難から郷里を捨てて日本へ出稼ぎに渡る者も多数発生するようになった。

このようなとき、一九二三年九月一日に起こった関東大地震に際して、警察筋が故意に流したと言われる「不逞な朝鮮人たちが井戸に毒を入れている」というデマを信じた一部の日本人は各地で武装して自警団を作り、多くの無実の朝鮮人を捕らえて虐殺している。その被害者は数千人にのぼると言われる。

一方、中国においては、漢民族の中から清帝国を打倒しようという運動が起こり、それが反帝国主義や民主主義をめざす運動と結合し、二〇世紀に入ると孫文らは民族の独立・民権の伸張・民生の安定を目ざす「三民主義」を唱え、一九一一年には辛亥革命を成功させ、ラスト・エンペラー溥儀は退位し、中華民国が誕生した。しかし、政治の実権は軍閥が握り、欧米諸国や日本に租界（治外法権をもつ専住地域）や各種の利権を与え、多額の借款により民衆の生活を無視する政治が行なわれていた。そして、第一次世界大戦が始まると、日本の大隈内閣は「二十一カ条要求」を中国政府につきつけて承認させるに及び、一九一九年には「反日五・四運動」が起こった。そして、二四年になると、国民党を組織していた孫文らは、共産党との合作を行ない「第二革命」を目指して行動を起こした。その翌年の「五・三〇事件」を契機に、二六年には「北伐」を開始し、翌年、国共合作は崩れたが、二八年には北京を占領し、南京に国民党の新政権が樹立された。

しかし、満州に利権を確保しようとする日本軍部は、二八年には満州軍閥の張作霖の乗る列車を爆破して殺し、三一年には南満州鉄道を破壊し、それをキッカケに「満州事変」を起こし、翌年には清朝の廃帝溥儀を擁して傀儡国家満州を建設したため、国際連盟から非難された。そして、三三年には国際連盟から脱退するに至った。こうして、一九三七年に日本は中国と全面的な戦争に突入し、さらに四年後、アメリカ・イギリスを相手に太平洋戦争を起こすに至る。

この戦争目的について、日本帝国政府は「数世紀にわたる欧米帝国主義諸国のアジアにおける植民地体制を打破し、諸民族を解放し大東亜共栄圏を建設する聖戦である」と称し、日本国民を戦争遂行に駆り立てただけでなく、朝鮮・台湾・樺太および国際連盟の委任統治領であったマーシャル・カロリン・トラックなどの南洋諸島の支配は強化され、内地においても自由主義・民主主義思想は次第に抑圧され、経済活動にも統制が加えられるようになった。

とりわけ戦況が悪化してくると、朝鮮人・台湾人の志願兵制度が実施されただけでなく、その徴兵まで実施されるようになった。そして外地における兵士の欲望を満たすために、朝鮮・中国・台湾・フィリピン・インドネシアなどアジア各地で「従軍慰安婦」が欺瞞的方法で集められもした。また、労働力不足を補うため、中国や朝鮮の野良で働いている民衆を、掠奪的方法によって日本本土に強制連行——「人間狩り」をするという暴挙さえ行なわれ、各地の炭坑などで奴隷的に酷使した。その総人数は七〇万とも五〇万とも言われ、そのうちの多数は飢えや残酷な労働の下に苦しみ、抵抗したり脱走をはかる者には私刑的な虐殺さえ受けさせている。そのため、現実には日本が欧米諸国にかわって現地民を酷使する掠奪的な支配者となり、独立を念願するアジア諸民族の期待を裏切ることとなった。

海外の戦場においては、民衆に軍票（戦後、無効となる）を与えて働かせ、資源を事実上無償で収奪し、抵抗する者は虐殺している。さらに、満州では抗日運動をする者を捕らえ、生物・化学兵器の実験に供したり、生体解剖さえも試みている。

そうして、サイパンにおける守備隊の玉砕、沖縄における惨劇を経て、日本本土もアメリカ軍の無慈悲な空襲によって焦土と化していった。かくて、広島・長崎への原爆投下と日ソ中立条約を一方的に廃棄したソ連の対日参戦により、一九四五年八月一五日、日本帝国政府は連合国に無条件降伏した。そして、ソ連の捕虜とされた多数の日本兵はシベリアなどで悲惨な抑留生活を送ることとなった。

第二次世界大戦後のアジアと日本

一九四五年八月、大日本帝国が連合国に無条件降伏したことによって、終戦当時の公式記録によると、内地にいた二三六万五、二六三人の朝鮮人は第三国人（連合国国民でも日本国民でもないという意味）とよばれるようになった。これ以外にも、四二年の朝鮮人徴兵制などによって南方や樺太などに駆りだされて行った朝鮮人は四〇万人ほどあったとされている。

日本の敗戦は彼らにとって解放であった。機敏な彼らは一斉に闇市場などに進出し、生き生きと活動を開始した。そのため、各地で飢えた日本人との衝突事件も数多く発生している。こうしたとき、当時の日本を管理していた占領軍は「日本の警察どもは何をビクビクしてやがる」というので、それまで禁止していた警察官の武装を許可し、四八年に神戸で起こった朝鮮人学校事件では、一、五七二人の在日朝鮮人が逮捕され、学校は閉鎖されることになった。

在日朝鮮人のほとんどはホルチキ（掠奪）によって労働力として導入されたものである。しかし、祖国に帰還することができず、不本意ながら日本に残留することになった彼らには、何らの補償も与えられず、また特別の保護を受けることもなく、新憲法下の日本で、いつしか治安の対象として行政の重荷であるかのように考えられるようになっていた。

日本国内でもそれと対応するかのように、韓国居留民団と朝鮮総連の二大組織が生まれ、同胞が異邦でも分かれ、それぞれ自らの生活の向上を自力ではからねばならないことになった。しかし、在日朝鮮人には働きたくとも仕事はなく、生活保護の受給率は一般日本人の倍もあった。

こうした事情から、彼らの相当数は国籍を隠し、日本式の名前を名乗りつづけ、その子弟は学校でも自分の秘密が友だちに知られるのを恐れて暮らすといった例がむしろ多かった。

このように、一般の日本国民の在日朝鮮人に対する意識は、戦前と大きな変化はなく、敗戦直後の一時期には、「手に負えない第三国人」として煙たがり、やがて日本経済が高度成長を始めると「安上がりの労働力」として利用はしたものの、ごく一部の良識をもつ日本人以外には依然として「仲良くともに暮らすべき友人」としてではなく、良く言えば「できれば付き合いたくはない余計者」として、悪く言えば「向こうに帰って行ってほしい邪魔者」であった——というようなことになるであろう。つまり、彼らに対する差別と偏見の根はきわめて深かった。

そのことを象徴する例としては、五八年八月に起こった都立小松川高校の女高生殺害事件の裁判では、被告の李珍宇少年が一、〇〇〇人に一人という高い知能を有していたという理由から、被害者の母親を含める多数の善意ある減刑運動にもかかわらず、少年法の適用を除外され死刑の判決を受け、しかも間もなくそれが執行された事件がある。

また、六八年二月には、朝鮮人差別に怒って二名の日本人を殺害して大井川の上流の寸又峡の旅館にライフル銃をもち人質を取って立て籠もった金嬉老事件の場合も、事件発生当時のマスコミは、犯人の残虐性だけを誇張して報道しており、その事件の背景となった人種差別への批判については七年後に無期懲役の判決が下るころまで、それほど深く論じられてはいない。

ところで、朝鮮民族の悲願であった「統一独立国家の建設」の夢は、米ソ対立という国際社会の政治環境に阻まれ、今日まで分断国家の悲運の下に置かれている。終戦直後には、暫定的な措置として三八度線を境とする米ソの分割占領が行なわれていたが、いずれは国際連合の信託統治を経ての独立という路線が有力とされていたが、冷戦の進展によって、四八年、南に大韓民国、北に朝鮮民主主義人民共和国の政府が米ソ二大国の後押しによって設立され、五〇年六月には、北側の軍隊は三八度線を突破して南進を開始した。そして、ソ連欠席中の国連安保理事会の決議をふまえ、日本を基地とするアメリカ軍を主体とする軍隊によって北側の軍隊は押し返されたが、中国の義勇軍が介入したことで戦線は膠着状態になり、三年後に停戦が成立し、以後、そのまま四十余年が経過した。

この動乱（戦争）による死傷者は軍人だけで南が約九九万、北が一〇〇万、国連軍が四二万六、〇〇〇、中国が約五〇万人に上ると言われ、そのほかに、南北二〇〇万の民間人の犠牲者がでている。そして、さらに一、〇〇〇万人の離散家族が生じている。一つの民族をめぐる内戦に外国軍の介入する戦争が加わり、これだけの犠牲者が発生したことは史上に例がない。

それに対して、連合国軍の占領下で、民主主義を基本とする「平和憲法」を手にした日本は、一九五一年のサンフランシスコ講和条約の締結によって、翌年独立を達成した。その後、日本は、自衛隊を創設したものの、建前としての平和主義を維持することによって、経済成長政策に全力をあげることができたため世界中が驚異の目で見るほどの国力の向上に成功した。そして、朝鮮問題については、韓国を唯一の正統政府とみなす方針から、六五年には「日韓基本条約」を締結し、南側との国交が回復された。さらに、韓国に対しては有償・無償の経済協力――実は賠償金と借款の供与を行ない、一応は親善友好関係が樹立され、今日に至っている。

一九八二年夏、文部省による社会科教科書の検定のあり方に対して、中国と韓国から厳重な抗議がだされた。それは、教科書の著者が第二次世界大戦について、それは日本の侵略によるものであると書いたものを、文部省側が「侵略」の文字を除くことを指示する検定をしたことを非難するものであった。この問題は、当初は態度の変更に消極的であった政府も、国際世論の動向に配慮して「抗議」を受け入れ、現在では一応の解決をみている。

また、同じころ在日外国人の間で著しい不満のあったものに「指紋押捺問題」がある。これは外国人登録法に、一時入国でない長期滞在の外国人は、「登録証」を常時携帯することを義務づけ、その登録には本人の指紋の押捺を必要としていたことである。これに対して、もっとも在留者の多い韓国人だけではなく、他の国民からも、外国人を犯罪者扱いするものであるとして、その廃止を強く迫られてきた。しかし、政府は治安対策上から指紋押捺は必要であるとして改正を渋っていたが、ようやく九一年になって法律の一部改正が行なわれ、押捺は新規登録の一回かぎりとし、翌年の再改正によって、韓国・朝鮮人は特別永住者とし、永住者にかぎり指紋押捺をしなくてもよいことになった。

また、従来、外国人は公務員になれないとされていた。そのことには、法律的な根拠があったわけではなく、五三年に法制局第一部長だつた高辻正巳が「公権力の行使または国家意思の構成に参画する者には国籍が必要である」とした見解が、「当然の法理」であるかのように罷りとおっていたわけである。しかし、九二年からは各種の地方公務員については、その制限が解除された。また、学校体育の世界でも、朝鮮人高校の各種大会からの締めだしの姿勢が批判を受け、日本人高校生との間で公式にプレイできる道がようやく開かれるようになった。

とは言うものの、地方税を納め、条例に従って生活している外国人には、国会議員はもとより未だに地方議員や首長の選挙の投票権が与えられていない。また、戦時中に従軍慰安婦として政府や軍部の強制や甘言による勧誘によって駆りだされた朝鮮・中国・フィリピンなどの人たちや、樺太（サハリン）や内地の鉱山・工場に強制連行されて酷使されたアジア人への補償については九三年の夏現在、いまだに何一つ見るべき対応はなされていない。さらには、当時は日本国籍を有していた朝鮮・台湾人の兵士や軍属への恩給や強制貯蓄させられていた郵便貯金の支払いなども、その後に日本国籍を失ったという理由から行なわれていない。

さらには、外地（中国や南方の占領地）で多額に発行された軍票（日本製のドル紙幣も含む）は、円や金との交換が明示されているにもかかわらず無効とされており、その賠償も所持者から請求されているが、目下のところ政府は対応できずにいる。これらの事実は、平和条約と日本の法律という立場からは、「請求者には権利がない」というのが日本政府のこれまでの態度である。

しかし、教科書問題や指紋押捺問題のように、相手側の政府や高官の強硬な要求がある場合には、

「近隣諸国との友好関係を確保するために」という理由で「譲歩」するのが従来の日本政府が示してきた態度である。つまり、事が欧米諸国からの要求となると、それを「外圧」として受けとめ、場合によると必要以上に「譲歩」したり、むしろ積極的に「外圧」を利用して普通なら国民が納得しない政策を実施してきている。

とは言え、国際化の高揚という風潮の中で、日本に住む外国人の数が激増しているという事情もあり、日本人の側の理解も進み、在日朝鮮人の民族意識は着実に向上していった。そして、これまでの日本式の姓名を捨て、堂々と自己の権利を主張することが当然であるというのが大勢となり、その雰囲気は以前にまして明るいものに変わってきた。

いわゆる「昭和生まれ」の世代は敗戦の時点で最高でも一八歳であったから、「戦争責任」などありはしない。したがって、アジアの諸民族の前で胸を張って応対できるはずである。そうは言うものの条件がある。それは、自分たちの先輩がしてきたことを正しく認識し、戦後の日本の経済的繁栄がアジア諸民族に大きな犠牲と負担の皺寄せをしてきたという事実を知っており、異民族と対等な立場で協力し合う姿勢で生きているか否かということである。

その後、朴正熙《パクヒョンヒ》大統領のもとのセマウル運動などにより韓国経済は発展をつづけ、とりわけ一九八〇年代の高度経済成長は目覚ましく、八八年にはソウルでオリンピック競技が開催されるほどに国力は充実した。その後、八四年には全斗喚《チョンドファン》大統領の訪日が実現し、天皇自身の口から「反省」の言葉が述べられ、ようやく両民族の和解への道も広げられ、盧泰愚《ノテイウ》・金泳三《キムヨンサム》大統領の政権との間でも友好関係が維持されている。しかし、日本政府は、社会主義体制を堅持する北の朝鮮民主主義人民共和国を承認せず、民間レベルでの接触しか行なわれていなかったが、ようやく九〇年になって政府レベルの交渉が開始されたものの、両者の言い分の間に差があり、その前途はいまだに不安定の状況にある。

一方、一九七〇年代から、南北の両政府の間の「統一交渉」も何度かの中断があつたものの、今日まで、手探りながら継続されている。また、一九九一年になると、日本とアメリカが北側の政府を承認し、中国とソ連が南側の政府を承認し、両国家の国連同時加盟を実現し、その上で二つの国家の連邦化による統一を実現しようという動きが現実化しようとしている。

中国においては、戦争終結と同時に、蔣介石の国民党政府と毛沢東の共産党勢力との対立が激化し、やがて内戦となったが蔣介石は敗れて台湾島に逃れ、四九年には政府を北京に置く中華人民共和国が誕生した。しかし、日本政府は三〇年近くにわたって台湾政府を唯一の合法政権とする姿勢を堅持してきたが、七二年になってようやく北京政府と和解することになり、七八年には日中平和友好条約を締結することができた。

民族とは何か?

島国に生まれた日本人は、つい半世紀前まであまり異民族と接触したことがなかったせいか、外国人を見ると異常に緊張し、内と外との区別にこだわる性格をもってきた。そのため、国際化時代といわれる今日においてさえ、「外人」という言葉が示すように、民族の違いを必要以上に意識して暮らしているようである。「日本人論」を説く書物はよく売れる。自分が他人にどう思われているのかを日本人以上に気にする民族はいないようである。スポーツの世界でさえも、外国人選手の数にワクをはめ、一種の差別をしているほどである。

そういうことを念頭におき、今日的な民族観からは離れ、自由な目でものを見、偏見を去って考察するならば、初めて古代の実情が見えてくるのであると思う。

そこで、重要なのは「民族と国家とは別のものである」ということである。民族は自然に形成されたものであり、自分の意志にかかわらず生まれながらそこに所属している。それに対して、国家はあくまで人為的に形成されたものであり、必要に応じて人びとの意志によっていかようにも変革することもできるということである。このことは昔も今も変わりはない。

では、民族と国家とは、歴史上でどちらが先に生まれたのであろうか？　その答えは明白である。国家が権力によって社会内部の利害の対立や意見の相違を統合することによって民族が形成されたのである。一〇〇年戦争前のフランスは、ノルマンディー、ブルターニュ、アンジュー、シャンパニュ、ブルゴーニュ、ボルドーなど一〇個ほどの領域に分かれ、それぞれ異なった言語や慣習が行なわれていた。そこには「フランス民族」などという意識はなかった。それを強固な権力で統一し、フランス語という共通語の使用を強制し、一つの民族共同体を形成させたのは、パリにあったブルボン王朝の絶対主義権力の政治であった。

これは近代民族のことであるが、古代や中世においても民族の文化は、政治権力のあり方によって左右され、発展したり衰亡したりしていたのである。この認識は、歴史を学ぶことによって得られる最大の教訓と言わなくてはならない。そして、民族意識は、宗教やイデオロギーと同じく、しばしば特定のリーダーを神聖化したり、不合理で排他的な自己正当性の信念と結合して、ある場合には崇高な犠牲行為を、そして他の場合には残虐な迫害行為をも生みだすきわめて強烈な社会意識である。今日のボスニア・ヘルツェゴビナの紛争に見られるように、民族意識が戦争や革命という異常事件の原因になってきていることを忘れるわけにはいかない。

日本民族とは?

本書の目的は、日本古代史を日本の文献の解釈を通じて、その欠けた部分や歪曲された箇所を補い正すことをはかりながら、それが朝鮮半島の南部にあった伽耶(加羅)諸国からの渡来者による小国家建設とその統合によって日本国家の母国が形成された過程を、中国を含めた東アジアの歴史の中で解明し、その両者の関係を具体的なシナリオの形で示すことにあった。そして、それと同時に、いまだに謎のまま放置されていた「日本民族のルーツ」の構造的なあり方について、その一つである古代朝鮮が果たしてきた役割の理解を深めるよう心がけたつもりである。

そして、本書の最初の部分で、日本・朝鮮の両民族がきわめて共通する要素が多いにもかかわらず、その反面で対照的に異なる点も幾つかあることを指摘し、その意味についても考えたいとした。すなわち、現代の日本人が外国人によって批判されている態度——例えば、意志の表現がアイマイであること、非合理主義ないし気分主義的であること、個人では卑屈なくらい温和なのに集団となると大胆不敵になること、おざなりな権威主義的姿勢で人に接することなどは、朝鮮民族には見られない性格と言える。それとは別に、日本人は鳥や虫の鳴き声に音楽を感じ、草花などの自然を生活の中に取り込むという民族性をもっており、これも朝鮮民族とは異なっている。

ところが、自己主張を控え集団秩序に埋没する姿勢は、しばしば「数百年つづいた封建制度のせいである」とするような解釈が行なわれているが、けっしてそうではなく、それはもっと古い時代からの民族的伝統によることを確認する必要がある。

と言うのは、聖徳太子の「十七条の憲法」の冒頭に次の文章があるからである。

「和をもって貴しとなす。忤《さから》ふこと無きを宗《むね》とせよ。人みな党《たむら》あり、また達《さと》る者少なし。是をもって、あるいは君父に順はず、また隣里に違ふ。然れども、上和《やわ》らぎて下睦《むつ》びて事を論《あげつら》ふに諧《かな》ふときは、事理《こと》自《おのずか》らに通ふ」というのである。

これは驚くべき思想と言うべきであろう。それは儒教精神とは正反対のものである。孟子なら、「自ら信じて直くんば、千万人といえども我れ往かん」と言うはずである。自己主張を控え、相手の顔色を伺い、何かにつけてナァナァ主義でいけば自然とうまくいくというのは、現代日本人の多数派の生活態度だが、それを聖徳太子はなんと一三〇〇年も前に、最高の道徳的態度としているのである。

このことは、太子自身が「典型的日本人の原像」であったことではなく、当時の倭人に対して太子はあたかも外来の支配者的態度で臨み、その精神的構造を見透かして垂れた教えと言うべきであろう。つまり、日本を占領したマッカーサーが、「日本人は一二歳である」とし、ガバナブル——統治し易い民族であると直観したのと同じく、聖徳太子もまた、「上に逆らわないことが汝らにとって最善の徳であるぞ」と諭したということである。

その証拠に、この「憲法」は実にみごとに一〇〇〇年以上にわたって日本人の心をとらえ、今日に至っている。「自己主張をするな」などという教訓が公に尊重され、「他人から批判される前に自粛しよう」などという国民は、世界中に日本以外にはない。もしも、われわれに対して、どこかの国の人たちが、「日本文化のほとんどは自分たちの先祖が教えてやったのだ」などと言ったとしたなら、「このような態度も、あなた方のご先祖が教えてくれたのだ」と反論すべきなのであろうか？

こうした問題への正しい答えは、聖徳太子より以前の七～八世紀にわたり、滔々として押し寄せる弥生文化の荒波を、それほどの抵抗もなしに素直に受け入れてきた縄文人たちの態度を、当時の倭人たちへの文化指導者としての太子が「知識」として知っていたからに違いない。

縄文人の心

そもそも、縄文人とは、現在のアイヌの祖先や海浜に住む海人たちであった。彼らは集団生活をし、仲間どうしの助け合いによって、それこそ本当に平和な暮らしをしていた。動物を捕獲する道具はもっていても人間を殺す武器など考えたこともなかった。そして、何よりも客人を自分たちに幸をもたらしてくれる「まれ人」として歓迎し、その善意を信じて疑わなかったのだった。したがって、外来の文化には抵抗することなくそれを受容し、可能なかぎり協力したのであった。

そうは言うものの、彼らが受け入れたのは、あくまで道具や制度などの外部的のものについてであって、その根底にある「精神」までは学ぶことをしなかった。こういう対外姿勢は、圧倒的な仏教文化や儒教体制を受け入れた時も、自然科学や資本主義経済体制あるいは議会制民主主義を導入した場合も同様であった。すべて攝取したのは外見だけで、常に「倭魂漢才・和魂洋才」という形で文化を採り入れている。その点、見事なほどに徹底している。

ところで、日本人の民族性の根に横たわっている縄文時代以来の他文化の受容態度には、もう一つのサイドがあることを指摘しなければならないと思う。それは、縄文人はけっして受け身的な人間だけではなかったということである。ヤマト王朝による蝦夷征服の戦いに対して頑強に抵抗した人たちも多かったという事実も忘れるわけにはいかない。そして、江戸時代の和人の北海道進出に対しても、一七世紀末のシャクシャインによる大規模な反乱があった。このような抵抗精神は今日でも生きている。それが典型的なのは、東北地方の人の場合で、日ごろは忍耐強いと言われていながら、我慢の限界を越えると突然、人が変わったように憤激したりする。

そこで、現代の日本民族の性格は何かと問われるなら、「その半分は弥生人の性格であり、残りの半分は縄文人の心とつながっている」と答えれば、かなり当たっているのではなかろうか？　しかも、その縄文人というのも、弥生人の圧迫に素直にしたがった半分と、あくまでそれに抵抗した半分とが、均等に現代の日本人の血液の中を流れている、と言うべきであろう。

もし、粗野でしかも象徴的な言い方が許されるならば、日本人のうちでとかく居たけ高に優越者・先進国面をしたがる人は先祖のうちの弥生人の血がそうさせるからであり、「NOと言える日本」を声高く唱えて、憤激の拳を振りかざそうとする輩には、抵抗派の縄文人の血が騒いでいるのだ、と言いたくなる。そして、兎のように従順に、しかも無原則的に身を守る術に長じている多数派の血管には弥生人に服従した祖先の血液が色濃く残っているようである。

つまり、同じ日本人がアジアで侵略戦争をしたり、ロシヤ帝国や大国アメリカに挑戦するという無謀な行為に走ったのも、欧米文化を賛美し非武装平和を謳歌したのも、けっして矛盾なのではなく、過去の歴史的体験に基づく民族的反応だったということになるであろう。

もちろん、再三言うように、民族性とは遺伝によるものではなく、継承された社会の文化の伝統によって作られるものであるから、右の仮説は安易に主張することはできないはずのものである。そのことを承知の上で、筆者にはこういう感想が生まれるのを止めることができなかった。

筆者が「日本人のルーツ」を探求して得た成果の一つは、われわれ日本人が古びた民族感情を離れ、冷静に民族の歴史を回顧し、目は遠く二一世紀以後の世界の中でのあり方に据えて、真実のものを探求していくことが何より大切であるということを、あらためて確認したことである。

むすび——あとがきにかえて

日本古代史の謎の解明という問題意識から始めた筆者の朝鮮の歴史や社会の探求は、その知識と理解が深まるとともに、これがすぐれて現代的な課題と直結している作業であることに気づくようになった。と言うのは、今日でも一部の日本人に見られる朝鮮民族への偏見は、その相当部分は「植民地支配」という近年の事実に起因しているが、その根底には、奈良時代より古くからあった「渡来順位による差別」と同じ根としてつながるものがあったということである。

日本民族の文化の大きな部分は朝鮮半島からもたらされており、現代の日本人には多量の朝鮮半島系の血液が流れているにもかかわらず、日本人は個人の意見を隠して集団に埋没したがるのに、朝鮮の人は自己主張がはっきりしていて合理主義的であるというような対極的な違いがあるのはなぜか、といった疑問も、目を広く開くならば、それは縄文時代以来の文化の伝統によってできたもので、けっして遺伝によるものでもなく朝鮮の影響力が弱かったからでもなかった。

端的に言うならば、現代日本人の心性のうち、自然を愛して万物に神を見いだし、個性を抑えて集団に埋没する姿勢、外来のものを虚心に受け容れ争いを好まぬ性格などは、沖縄人や北海道アイヌとともに縄文人からの「遺伝」とも言いたくなるほどのものである。それに対して、労を惜しまず積極的で活動的な勤勉な生活態度は、まさしく弥生的なものであると言えよう。

ともあれ、九一年春に私が体験した韓国の遺蹟と博物館巡りの旅行の成果は絶大であった。それぞれの土地から醸されるイメージは、どれもこれも日本のどこか、日本人の祖先のどれかの氏族と結びついているのではないかという思いを触発させるものであった。

そして、釜山の魚河岸の盛況からは、古代の安曇・宗像などの海人の体臭が匂ってきて、邪馬台国をはじめとする小国家群の人びとを運んだのは、この人たちの先祖であったのだということが実感できた。こうしたことは書物から得られない啓示と言うべきであろう。

筆者は、本書で大胆不敵とも言うべき仮説のシナリオを提出した。それは読者の多くにとっては唐突なものであり、検証不足の空論に思えるかもしれない。しかし、仮にそうであるとしても一向に差し支えない、というのが筆者の立場である。その仮説自体の中に矛盾がなく、その仮説を足懸りとして自由な連想が展開され、それが歴史を貫く隠れた糸のあり所を見いだす何らかの手懸りとなるのならば、けっして無価値な戯言として廃棄されないで済むかと思う。

何分にも資料は絶対的に乏しいのであるから、各自が思つくままに仮説を作り、そこから歴史の流れを浮き彫りにするような筋道を発見していくことは有益なことと思う。

本書に記したことは、すべて公開されている資料に基づくものであり、日本古代史について論じようとする人にとっては常識でなくてはならないものばかりである。と言うよりも、私が述べたことどもを抜きにして、一般に利用されているような国内の文献だけを頼りにしていたのでは、その視野は狭く、正しい歴史の理解も未来の展望も絶望的であると言いたい。本書は、その意味で日本古代史を研究するために必須の踏み台に過ぎないということになろう。なお、第六章と第七章に関しては、本書とほぼ時を同じくして、彩流社から刊行された拙著『復元！　古代日本国家』に詳述してあるので、それを併せて読んでいただければ幸いである。

九三年九月、イスラエル政府とPLO議長との間で相互承認の合意が成立し、広く世界諸国の歓迎を受けた。こうして、四五年間にわたるユダヤとパレスチナ・アラブ間の対立・紛争は民族的和解に向けて第一歩を踏み出し、数千年にわたる諸民族共生の歴史に新しいページが書き始められようとしている。この和解交渉の場は北欧の小国ノルウェーの一学者と外交官夫妻の仲介によって始められたという。このような民間レベルでの外交が今日の国家優位の国際社会においてもつ意義はきわめて大きい。その意味から、在野と学界とを問わず、偏見とこだわりとを超えた真実の歴史解明の努力はますます重要度を高めてきたと言えると思う。

今や東西対立という冷戦構造の時代は終わったのである。そして、欧米文化を先進的であるという考え方にかわって、今や「アジアの時代」が始まろうとしている。このような状況に正しく対応するためにも、アジア諸民族の歴史を古代に遡って認識しなおすことは何よりも重要な意味をもつようになったと言うべきである。それも、いたずらな怨恨や感傷に煩らわされることなく、偏狭な自民族至上主義に毒されたものであってはならない。あくまで曇りのない客観的な事実の上に立つものでなくてはならない。

願わくは諸兄姉の心からなるご鞭韃と厳しいご叱正を賜わられることを。

最後に、朝鮮・韓国の皆様に、「近年における両国の不幸な歴史への反省」などという政治家の告白などではなく、「二〇〇〇年にわたる歴史の重み」をお互いに手を取り合って確かめ合おうではないか。この声が海の彼方にまでも届きますよう、祈りつつ……。

著者

一九九三年秋

参考文献

魏志・東夷伝
漢書・後漢書・旧唐書・宋書など
三国史記（新羅・高句麗・百済本紀）
三国遺事（駕洛国記・地理書等）
東国輿地勝覧
日本書紀
古事記
先代旧事本紀（旧事紀）
新撰姓氏録
風土記（出雲その他の国）
萬葉集

騎馬民族国家　江上波夫　中央公論社

日本民族の源流をさぐる　西岡秀雄　セントラルプレス
ヤマト言葉の起源と古代朝鮮語　朴炳植　成甲書房
日本語の真相　李寧熙　文芸春秋社
邪馬台国の東遷　奥野正雄　毎日新聞社
朝鮮語のすすめ　渡辺吉鎔・他　講談社
倭王たちの七世紀　小林惠子　現代思想社
聖徳太子の正体　小林惠子　文芸春秋社
邪馬台国は秦族に征服された　安藤輝国　徳間書店
古代海部氏の系図　金久与一　学生社
天皇家と卑弥呼の系図　澤田洋太郎　新泉社
ヤマト国家成立の秘密　澤田洋太郎　新泉社
復元！　日本古代国家　澤田洋太郎　彩流社
伽耶はなぜほろんだか　鈴木靖民・他　大和書房
加耶から倭国へ　金達寿・他　竹書房
韓半島からきた倭国　李鐘恒　兼川晋訳　新泉社
韓国古代地名の謎　光岡雅彦　学生社
韓国の古代遺蹟　中央公論社
日韓古代国家の起源　金延鶴編　六興出版社

古代日朝関係史入門　金達寿　筑摩書房
日本の中の朝鮮文化　金達寿　講談社
渡来人の遺蹟を歩く　段熙麟　六興出版社
倭館・倭城を歩く　李進熙　六興出版社
古代朝鮮文化と日本　斉藤忠　東大出版会
高天原は朝鮮か　李沂東　新人物往来社
図説韓国の歴史　金両基監修　河出書房新社
図説邪馬台国物産帳　柏原精一　河出書房新社
記紀万葉の朝鮮語　金思燁　六興出版社
韓と倭　野口赫宙　講談社
徐福伝説の謎　三谷茉沙夫　三一書房
古代朝鮮語と日本語　金思燁　講談社
混血の神々　川崎真治　講談社
騎馬民族の落日　佐々克明　産業能率大学出版部
青銅の神の足跡　谷川健一　集英社
鬼神への鎮魂歌　千田稔　学研
日本と韓国・朝鮮の二〇〇〇年　新人物往来社
古代日本　謎の朝鮮渡来文明　新人物往来社

東アジアの古代史概観

世紀		中国	高句麗	百済	新羅	伽耶	日本
							縄文時代
BC8～5世紀		春秋時代					
4～3世紀		戦国時代		古朝鮮	時代？		
	221	秦の統一					
	202	前漢起こる			（1～2世紀倭の侵入記事）		弥生前期
	108	武帝、楽浪等4郡を置く					弥生中期
AD	8	王莽の新国					
	25	後漢、国土統一	楽浪郡	馬韓	辰韓	弁韓	100余国分立
	184	黄巾の乱				駕洛首露王	倭国大乱
					（新羅・伽耶騒乱）		邪馬台国連合
						199　2代王	
	204	公孫氏──→帯方郡を建つ（衛氏朝鮮滅亡）					
三	220	三国時代		『魏志・韓伝』			247　卑弥呼死
世		魏・呉・蜀	高句麗国	馬韓52国	弁辰24国		
						259　3代王	265　台与の遣使
紀	280	西晋の統一			倭と数度戦う	291　4代王	古墳時代
						洛東右岸に	（初期）
						6～7国分立	
四	316	五胡十六国時代	318　楽浪2郡を滅ぼす	346　百済統一	356　新羅統一		
世							（中期）
紀	386	鮮卑、北魏建国	広開土王──→	百済を討つ		346　5代王	韓土進出？
				397　王子を人質	────────────	──→	

五世紀		439 北魏に入貢	441 木満致を召	世紀前半5回 倭兵来襲	407 6代王	413 讃の遺使
		485 南斉に入貢	501 武寧王	世紀後半6回 倭兵来襲	421 7代王	438 珍の遺使
					451 8代王	443 済の遺使
					492 9代王	462 興の遺使
					521 10代王	478 武の遺使
六世紀		507,512 百済を侵す⟶	525 百済・新羅修交 ←			512 任那4県を百済に譲る
					532 伽耶、新羅に降伏	
	535 北魏分裂	548～551 三国の攻防戦		566 陳に入貢		
		570 斉の冊封	562 伽耶を滅ぼす。			541,544 任那復興会議
			578 百済、新羅を攻撃			
	581 隋の建国		← 隋に入貢		新羅領土	593 推古即位
七世紀	611～613 高句麗遠征 ⟶		616,627,636,643,645,655 百済・新羅と戦う			任那復興計画不成立
	618 唐の建国					
	650 3代・高宗	655 新羅と戦う				645 大化改新
	644,667 高句麗を攻める					
	660 百済を攻撃	668 滅亡	663 滅亡	674～675 唐と戦う		663 白村江の戦
						672 壬申の乱
	690 則天武后	699 後高麗朝	統一新羅王朝			
八世紀	712 玄宗即位	712 渤海国を採用	681 以後、唐と修交・朝貢、唐風律令制度を採用			710 平城遷都
	755 安禄山の乱					794 平安遷都

倭国と朝鮮半島諸国をめぐる年表

西　暦	事　　　　項	新羅暦	百済暦
BC2333？	「桓因の子の桓雄、太伯山に降下」（『三国遺事・檀君神話』）		
12世紀？	（周）武王、箕子を朝鮮に封ず（箕子朝鮮。〜BC 3，4 世紀ごろ？）。		
1000ごろ	（周時代）「成王の時、………倭人、暢を貢す」（『論衡』恢国編）		
5〜6世紀	（戦国時代）「孔子、………海に桴を設けて九夷に居するを欲す」（『漢書・地理書』）		
473	（春秋時代）越王勾践、呉王夫差を滅ぼす。		
4〜3世紀	「蓋国は鉅燕の南倭の北にあり、倭は燕に属す」（『山海経・海内北経』）		
334	（戦国時代）越、滅亡。		
221	秦の始皇帝、全国統一（戦国の七雄の韓国等は亡国→流亡）。		
219	（秦）方士の徐福、東海の蓬萊へ。日本に到着？「倭人………自ら太伯（呉王）の後と謂う」（『論衡』）		
202	（前漢）劉邦（高祖）、天下統一（〜AD 8）。		
195	燕人の衛満、王険（平壌）に建国。（衛子朝鮮）		
170ごろ	安徽省の亳県元坑村 1 号墳より〈「倭」の文字ある磚〉が出土。		
108	（前漢）衛子朝鮮を滅ぼし、楽浪・真蕃・臨屯・玄菟の四郡を置く。		
57	（新羅）始祖赫居世（朴氏）即位（〜AD 4）。		
50	（新羅）倭兵が辺地を襲う。	赫居世 8	
39	（新羅）卞（べん）韓が国をあげて服属。	19	
37	（高句麗）始祖東明聖王（高朱蒙）即位。	21	
—	（倭）「楽浪海中に倭人あり、百余国分立」（『漢書』）		
20	（新羅）倭人の瓠公を馬韓に派遣。	38	
—	（新羅）脱解が倭国の東北方の多婆那国から金官国に流れ着く。		
18	（百済）始祖温祚王即位（〜AD28）。	40	温祚 1
AD 4	（新羅）2 代南解次次雄即位（〜24）。		

西　暦	事　　　　　　項	新羅暦	百済暦
AD 7	(中国) 前漢滅亡。翌年、王莽の新国 (～23)。		
14	(新羅) 倭人が海辺に来寇。	南解11	
24	(新羅) 3代儒理尼師今即位 (～57)。		
25	(中国) 光武帝即位(～57)。後漢王朝(～220)。		
42	(駕洛) 首露王、亀旨に降下して建国。(『三国遺事・駕洛国記』)		多婁15
57	(倭) 委奴国王、後漢に貢献。金印綬を受ける (『後漢書』)。		
59	(新羅) 倭国と修好した (『三国史記・新羅本紀』)。	脱解 3	
73	(新羅) 倭人が木出島を侵して角干の羽烏を殺す。	17	
77	(新羅) 加耶の兵と黄山津の川岸で戦う。	21	
84	(新羅) 古陁郡主 (晋州？) が青牛を献上。	婆娑 5	己婁 8
87	(新羅) 南加耶と接し、加召・馬頭城を築く。	8	
94	(新羅) 加耶が馬頭城を囲む。	15	
96	(新羅) 加耶が南辺を襲う。城主戦死。王、これを撃退。	17	
97	(新羅) 加耶が使者を派遣して罪を詫びる。	18	
102	(新羅) 金官国の首露王に裁判を依頼。	23	
106	(新羅) 婆娑王、押督国に幸し、馬頭城主に命じて加耶を討つ。	27	
107	(倭) 面土国王帥升等、生口160を贈り謁見 (『後漢書』)。	28	
108	(新羅) 比只・多伐・草八国を併合。	29	
115	(新羅) 加耶が南辺に侵入。王軍、伏兵に苦しみ退却。	祇摩 4	
116	(新羅) 加耶を討つ。城は死守。新羅軍、帰国。	5	
121	(新羅) 倭人が東部の辺境に侵入。	10	
122	(新羅)「倭人大挙進攻」の流言に王都混乱。	11	己婁46
123	(新羅) 倭国と講和。	12	
146	(新羅) 押督が叛く。出兵して討伐。残りを南部に移住させる。	逸聖13	蓋婁19
156	(鮮卑) 檀石槐、モンゴルを統一。→倭人を烏侯秦水に移す。	阿達羅 3	29
157	(新羅) 甘勿・馬山の2県を置く。	4	30

西　暦	事　　　　　項	新羅暦	百済暦
158	(新羅)倭人が来訪。このころ延烏郎、日本へ。	阿達羅 5	蓋婁 31
—	(倭) 桓霊の間（147～181)、国乱れ、相攻伐、女王を立てる。		
173	(新羅) 倭の女王卑弥呼が使者を来訪させる。	20	肖古 8
189	(駕洛) 初代許黄玉皇后死去（157歳)。	伐休 6	24
193	(新羅) 倭人が大飢饉で千余人が食糧を求めて来る。	10	28
196	(遼東) 公孫度、楽浪に進出。	13	31
199	(駕洛) 首露王死去（158歳)。		
—	(日本) 意富加羅より都怒我阿羅斯等、角鹿に来る。※(『書紀』崇神の世)		
—	(日本) 任那の蘇那葛叱知が来る。(崇神65年)		
—	(日本) 新羅王子天日槍（天之日矛）が来る。(垂仁３)		
201	(新羅) 加耶国が講和を申し込む。	奈解 6	肖古36
204	(遼東) 公孫康、帯方郡を設置。	9	39
208	(新羅) 倭人が国境を犯す。反撃。	13	43
209	(新羅) 浦上八国が連合して加羅を侵略。	14	44
	(高句麗) 丸都に遷る。		
212	(新羅) 加耶は王子を人質として送って来る。	17	47
215	(駕洛) ２代・居登王即位(～253或いは199)。	20	仇首 2
220	(後漢) 後漢滅亡。魏・呉・蜀の三国時代(～265)。	25	7
222	(新羅) 百済軍が牛頭州に侵入。224　烽山で百済軍を破る。	27	9
232	(新羅) 倭人が金城を囲む。撃退。千余人を殺・捕。	助賁 3	19
233	(新羅) 倭人、東部の国境を侵す。(魏) 公孫淵を楽浪公に封ずる。	4	20
239	(倭) 卑弥呼、難升米等を遣使。「親魏倭王」の金印紫綬（景初３年)。	10	古爾 6
240	(倭) 帯方大守弓遵、魏の詔書を倭に送る(正始元年)。	11	7
243	(倭) 伊声耆・掖邪狗等８人、生口・倭錦などを魏に奉献。	14	10
245	(倭) 魏帝、難升米に黄幢を賜り、帯方郡を通じて伝授（正始６年)。	16	12

西　暦	事　　　　　項	新羅暦	百済暦
247	（倭）倭女王、狗奴国との交戦報告。張政らを倭に派遣。	沾解 1	古爾 13
248	（倭）卑弥呼死ぬ。男王立つ。宗女台与（壱与）立つ。	2	14
249	（新羅）倭人が舒弗邯の于老を殺す。 ※（『書紀・神功前紀』参照）	3	15
253	（駕洛）3代・麻品王即位（～291）。	7	19
265	（中国）魏滅亡。（倭）邪馬台国女王台（壱）与、西晉に入貢（泰始元年）。	未鄒 4	32
287	（新羅）倭人が一礼郡を襲い、千余人を捕らえ去る。	儒理 4	責稽 2
289	（新羅）倭兵襲来の報に備え、船と兵器を修理。	6	4
291	（駕洛）4代・居叱弥王即位（～346）。	8	6
292	（新羅）倭兵が沙道城を陥れようとする。救援し城を保持。	9	7
294	（新羅）倭兵侵入、長峯城を攻める。多沙軍がめでたい穀物を献上。	11	9
295	（新羅）王、海上の戦いを問う。弘權、その不利を説く。	12	10
312	（新羅）倭国王が花嫁を求める。阿飡の急利の娘を送る。	訖解 3	比流 9
313	（高句麗）美川王、楽浪郡を滅ぼす。	4	10
316	（中国）西晉滅亡。五胡十六国の時代（～439）。	7	13
344	（新羅）倭国が使者を派遣、花嫁を求める。すでに嫁したとして辞退。	35	契 1
345	（新羅）倭王、国書をもって国交断絶。	36	2
346	（新羅）倭軍が風島を襲い、金城を囲む。食尽き退散。	37	近肖古 1
364	（新羅）倭軍侵入。吐含城に草人形、伏兵で倭軍を大破。 （倭）新羅に沙至比跪を派遣。※（『書紀・神功62年』）	奈勿 9	19
375	（百済）近肖古王死去。※（『書紀・神功55年〈255年〉』に肖古王死去として記載）	20	近仇首 1
386	（高句麗）談徳・広開土王即位（～413）。百済の関弥城を攻め落とす。	奈解31	辰斯 2

西　暦	事　　　　項	新羅暦	百済暦
391	(倭) 海を渡って百残・□羅を破る(『広開土王碑文』)	奈解36	辰期 7
392	(百済) 高句麗が侵入、十余城が陥落。	37	8
393	(新羅) 倭軍侵入、金城を囲む。倭軍大敗。	38	阿莘 2
395	(高句麗) 百済と戦い、8000人を捕虜。	40	4
396	(駕洛) 5代伊品王即位(～407)。	41	5
397	(百済) 阿莘王、倭と友好。太子の腆支を人質に提供。(『書紀・應神8年』)	42	6
399	(倭) 百済、高句麗との約を破り、倭と講和。(『広開土王碑文』)	43	7
400	(倭) 高句麗、新羅を支援して倭を追討。(『広開土王碑文』)	45	9
402	(新羅) 倭国と国交。奈勿王の王子の未斯斤を人質。(『書紀・神功前紀』)	実聖 1	11
	(百済) 倭国に使いを出し、大きな珠を求める。		
403	(百済) 倭の使いが来る。厚くもてなす。	2	12
404	(倭) 帯方の沖に派兵、敗北。(『広開土王碑文』)	3	13
405	(新羅) 倭兵が侵入、明活城を攻める。反撃、300余人を殺・捕。	4	腆支 1
407	(駕洛) 6代坐知王即位(～422)。		
	(新羅) 倭人が東部の辺境に侵入。	6	3
408	(新羅)「倭人、対馬に軍営を築く」の情報。未斯品の意見により攻撃せず。	7	4
414	(新羅) 倭人と風島で戦い、勝つ。	14	11

西暦	天皇紀	事　　　　項	新羅暦	百済暦
418	—	(新羅) 王弟の人好と未斯欣が倭国からにげ帰る。	訥祇 2	腆支14
		(百済) 王、使者を倭に遣して白錦十反を贈る。		
422	—	(駕洛) 7代・吹希王即位(～451)。	6	18
427	—	(高句麗) 首都を平壌に移す。	11	23
429	—	(中国) 魏・晋南北朝時代(～589)。		
431	—	(新羅) 倭兵侵入、東辺境を荒らし、明活城を包囲。空しく帰る。	15	毗有 5
433	—	(新羅) 未斯欣、死去。舒弗邯の位を贈られる。	17	7
	—	(倭) 讃(仁徳 or 履中)の時代(～438)。		

西暦	天皇紀	事　　　　項	新羅暦	百済暦
440	—	（新羅）倭人が南部の辺境を侵し、住民を掠め奪う。	訥祗24	毗有14
444	—	（新羅）倭軍、金城を囲む。王軍、引き上げる敵を追撃して大損害。	28	18
443	—	（倭）済（允恭？）の時代（～460）。		
451	—	（駕洛）８代・銍知王即位（～492）。	35	25
458	雄略 2	（日本）天皇、百済の池津媛を召し、焼き殺す。	42	32
459	3	（新羅）倭人、兵船100余で東海岸を襲い、月城を包囲。	43	33
461	5	（日本）百済蓋鹵王の弟の軍君（昆支）来る。	慈悲 4	蓋鹵 7
462	6	（新羅）倭人、襲来。活開城陥落。1,000人を連れ去る。	5	8
		（日本）呉国に使を遣して貢献。		
463	7	（新羅）倭人、歃良城を攻め失敗。王、二城を築いて備える。	6	9
		（日本）天皇、稚媛を得んとして、吉備上道臣田狭を任那国司に任命。		
464	8	（日本）身狭村主青らを呉に遣使。高句麗に攻められ、百済は任那に救援。	7	10
	9	（日本）紀小弓ら新羅に遠征し失敗。大伴談ら敗戦。	8	11
465	10	（日本）身狭村主青ら呉から帰る。		
467	11	（日本）呉人貴信、百済より帰化。	10	13
468	12	（日本）身狭村主青・檜隈民使博徳を呉に派遣。	11	14
470	14	（日本）身狭、呉から献上の手末才伎など織女とともに帰国。	13	16
471	15	（日本）秦酒公、180の村主を率い反物を奉献。太秦の姓を賜る。	14	17
475	19	（高句麗）長寿王、百済を攻め蓋鹵王を斬る。百済、熊津に遷都。	18	文周 1
476	20	（新羅）倭人、東部国境を犯す。200人を殺・虜。百済、滅亡。	19	
477	21	（新羅）倭人、五道を通って侵入。空しく退去。	20	三斤 1
		（日本）久麻那利（下哆呼唎県の別邑）を汶洲王に与え、百済再興。		
479	23	（日本）百済文斤王死去。末多王子に軍士をつけ帰国させる。高麗を討つ。	22	東城 1
482	清寧 3	（新羅）倭人が辺境を犯す。	炤知 4	4
486	顕宋 2	（新羅）倭人、国境地帯を犯す。	8	8

西暦	天皇紀	事　　　　項	新羅暦	百済暦
487	3	（日本）紀生磐宿禰、三韓の王を志して叛く。	炤知 9	東城 9
492	仁賢	（駕洛）9代・鉗知王即位（～521）。	14	14
493	6	（日本）日鷹吉士を高麗に派遣、工匠を求む。須流枳・奴流枳らを献上。	15	15
496	9	（新羅）加耶国から5尺の尾の白雉が贈られる。	18	18
497	10	（新羅）倭人が辺地を犯す。	19	19
500	武烈 2	（新羅）倭人が長峯鎮を攻め落とす。	22	22
502	4	（日本）百済の末多（牟大）王無道、島王（武寧）を立てる。	智証 3	武寧 2
509	継体 3	（日本）使い（久羅麻致支弥）を百済に派遣。	10	9
512	6	（日本）穂積臣押山を百済に。任那の上下哆唎・娑陀・牟婁を百済に与う。	13	12
513	7	（日本）百済、五経博士段楊爾を貢献。己汶・帯沙を百済に与う。伴跛来貢。		13
514	8	（日本）任那の伴跛国、呑帯沙に城を築き日本に備える。	法興 1	14
515	9	（日本）百済の使者を帰す。物部連、伴跛と戦い敗れる。	2	15
516	10	（日本）百済、前部木不麻甲背を遣し物部連を己汶に迎える。 百済、五経博士漢高安茂を貢。百済、将軍を遣し、高麗使に副える。	3	16
521	15	（駕洛）10代・仇衡王即位（～532）。	8	21
522	16	（新羅）加耶王、花嫁を求む。比助夫の妹を送る。	9	22
523	17	（日本）百済国王武寧薨。（『三国史記』と墓碑では、522年）。	10	聖王 1
524	18	（日本）百済の太子明王位につく。（『三国史記』では、聖王）。	11	2
527	21	（日本）近江毛野、六万を率い任那に行き新羅に敗戦。南加羅・喙己呑復興。 失敗→磐井の叛（翌年、鎮圧）。	14	5
529	23	（日本）下哆唎国守穂積押山の進言で、多沙津を百済王に与う。加羅、新羅に通じる。任那王の己能末多干岐来朝、新羅の侵略を訴える。 羅・済会議不調。新羅、任那の金官ら4村を掠る。	16	7
530	24	（日本）任那、毛野臣の失政を訴う。任那離反。毛野病死。	17	8

西暦	天皇紀	事　　　　項	新羅暦	百済暦
531	25	（日本）天皇崩（一説：534年）。 『百済本記』高句麗、安羅王を殺す。日本、天皇・太子・皇子みな死す。	法興18	聖王 9
532	空位	（駕洛・新羅）金官加羅王の仇亥（衡）、王妃・三王子とともに新羅に降伏。 （日本）欽明即位？（『元興寺縁起』）	19	10
537	宣化 2	（日本）大伴磐・狭手彦を遣し、任那を救援。	24	15
538	3	（日本）百済聖明王より仏像•経論を贈られる。（『上宮記』・『元興寺縁起』）	25	16）
541	欽明 2	（日本）百済、伽耶王と任那復興会議。	真興 2	20
543	4	（日本）百済、日本に速やかな復興を要請。	4	22
544	5	（日本）聖明王、任那・日本府を召集、河内直暴虐。任那復興を議する。	5	23
545	6	（日本）百済、天皇のために丈六の仏像を造る。高句麗、内乱。	6	24
547	8	（日本）百済、使を遣し援軍を乞う。	8	26
548	9	（日本）倭、百済に兵を送り、築城を助ける。	9	27
550	11	（日本）高句麗南下、百済侵入。新羅と協力して撃退。倭、百済に救援軍。	11	29
551	12	（日本）百済、高句麗の捕虜を貢ず。大伴狭手彦、奮戦。	12	30
552	13	（日本）百済王に貢租1000を与う。百済、漢城など6郡を回復。	13	31
553	14	（日本）百済、漢城・平壌を奪う。百済の献仏→崇仏・排仏の争い。	14	
554	15	（日本）百済、再度援軍を乞う。援兵。僧曇恵•五経博士など派遣。 （新羅）百済聖王、加良と連合して菅山城を攻撃。一敗後、百済王を殺す。	15	威徳 1
555	16	（日本）百済王恵来り、王の死を報告。 （新羅）完山州を比斯伐に置く。	16	2
556	17	（日本）筑紫水軍、恵を護送。	17	3
560	21	（日本）新羅、調を献上。	21	7
561	22	（日本）新羅使、百済使より下座を怒り帰国。	22	8
562	23	（新羅）百済が侵入。加耶が反乱。将軍の斯多含が制圧。 伽耶・駕洛の滅亡。	23	9

西暦	天皇紀	事　　　　項	新羅暦	百済暦
565	欽明26	(新羅) 完山州を廃止し、大耶州を置く。	眞興26	威徳12
		(日本) 高麗人帰化、山背に住む。	30	16
569	30	(日本) 膽津 (王辰爾の甥) に田部の丁籍をを定めしむ。		
571	32	(日本) 新羅が任那を滅したのを責める。	32	18
572	敏達 1	(日本) 高句麗使入京。	33	19
573	2	(日本) 高句麗人、越に漂着。送還。	34	20
574	3	(日本) 新羅、朝貢。高句麗人、越に到着。入京。	35	21
575	4	(日本) 新羅・任那・百済に遣使。多多羅など4邑の調を進む。	36	22
577	6	(日本) 百済王、経論と僧・工人を献納。	真智 2	23
579	8	(日本) 新羅王、調と仏像とを献上。	4	25
580	9	(日本) 新羅、調を進む。受けず。	真平 2	27
583	12	(日本) 任那復興のため、日羅召喚。	5	30
584	13	(日本) 新羅に難波吉士蓮子を派遣。	6	31
588	崇峻 1	(日本) 百済、僧を遣し仏舎利を献ず。百済、調と工匠を献納。	10	35
591	4	(日本) 任那再建の詔勅。新羅に遣使。この年、隋の文帝即位11年。	13	38
595	推古 3	(日本) 高句麗僧慧慈帰化。筑紫の任那再興軍引き上げ。	17	42
597	5	(日本) 百済王、王子阿佐を遣して朝貢。吉士磐金を新羅に派遣。	19	44
598	6	(日本) 磐金、帰朝。新羅、孔雀を献上。	20	恵王 1
599	7	(日本) 百済、駱駝・駿馬・羊・白雉を献上。	21	法王 1
600	8	(日本) 新羅と戦う。任那を救援。	22	武王 1
601	9	(日本) 高句麗・百済に遣使、任那復興をはかる。	23	2
602	10	(日本) 来目皇子を打撃新羅将軍とし動員。征討中止。観勒、暦本等を伝う。	24	3
603	11	(日本) 当麻皇子を打撃新羅将軍とす。征討中止。	25	4
605	13	(日本) 高句麗より黄金献上。	27	6
607	15	(日本) 小野妹子らを隋に派遣。「倭国、遣使・朝貢」(『隋書』)。	29	8
608	16	(日本・百済) 隋使裵世清、百済を経て帰来。妹子再遣隋使。	30	9
609	17	(日本) 筑紫大宰、百済僧85人、肥後に漂着を報告。	31	10
610	18	(日本) 第4次遣隋使。曇徴、紙などを伝法。	32	11

西暦	天皇紀	事　　項	新羅暦	百済暦
611	推古19	（日本）新羅・任那朝貢。隋煬帝、高句麗に遠征（『隋書』）。	眞平33	武王12
614	22	（日本）第5次遣唐使（犬上御田鍬ら）。煬帝、高句麗に再征（『隋書』）。	36	15
615	23	（日本）遣隋使帰国。	37	16
616	24	（日本）新羅、仏像献上、蜂岡寺に納める。新羅・百済交戦（『三国史記』）。	38	17
618	26	（日本）高句麗使、隋の滅亡を伝え、俘虜・土産品などを献ずる。	40	19
621	29	（日本）新羅、貢物を献じ、初めて上表。	43	22
623	31	（日本）新羅、貢献問題で派遣使。征新羅将軍派遣。	45	23
625	33	（日本）高句麗僧恵満来る。	47	26
630	舒明 2	（日本）第1次遣唐使（犬上御田鍬ら）。「倭より献唐使」（『旧唐書』）。	52	31
631	3	（日本）百済義慈王、王子豊璋を人質として送る。	53	32
632	4	（日本）遣唐使帰国。→翌年、唐使帰国。	善徳 1	33
638	10	（日本）百済・新羅・任那、朝貢。	7	39
640	12	（日本）南淵請安・高向玄理、新羅・百済の使者を伴い帰国。	9	41
641	13	（日本）舒明、百済宮に崩ず。百済大殯。	10	義慈 1
642	皇極 1	（日本）皇極、使を諸韓に派遣。百済大寺を造営。唐、高句麗に遠征。 （百済）大耶城（任那）を攻め、確保。	11	2
645	孝徳 1	（日本）大化改新。三韓使の面前で「韓人（中大兄）、鞍作（入鹿）を殺す」。	14	5
646	2	（日本）高句麗国ら朝貢。高向玄理、新羅へ。/645、新羅は百済を攻撃。	15	6
647	3	（日本）高句麗、朝貢。	真徳 1	7
648	4	（日本）新羅、朝貢。「倭、新羅に付して表を奉ず」（『旧唐書』）。	2	8
649	5	（日本）新羅より金多遂、質として来る。	3	9
650	6	（日本）白雉元年。新羅、朝貢。	4	10
651	7	（日本）百済・新羅、朝貢。／652百済王、倭と修交（『百済本記』）。	5	11
653	9	（日本）第2次遣唐使（吉士長丹ら）。百済・新羅、朝貢。	7	13
654	10	（日本）第3次遣唐使（高向玄理ら）。「琥珀・瑪瑙を	太宗 1	14

西暦	天皇紀	事　　　　項	新羅暦	百済暦
		献ず」。		
655	斉明 1	（日本）斉明、重祚。蝦夷・百済、朝貢。	太宗 2	義慈15
656	2	（日本）高句麗、入朝。使いを派遣。	3	16
657	3	（日本）都貨邏人、漂着。新羅へ遣使。	4	17
658	4	（日本）蝦夷征討。粛慎を討つ。	5	18
659	5	（日本）第 4 次遣唐使（幽閉、伊吉博徳記録）。蝦夷征討。	6	19
660	6	（日本）蝦夷・粛慎征討。高句麗使来る。唐・新羅が、百済攻撃→百済、救援。	7	20
661	7	（日本）西海に出動、斉明崩。耽羅王子、来貢。	文武 1	（豊璋）
662	天智 1	（日本）新羅、百済を討つ。阿曇比邏夫、豊璋を百済に送る。	2	
663	2	（日本）2 万 7 千出兵。豊璋、福室を殺す。白村江で大敗。百済、滅亡。	3	

（日本）は『日本書紀』、（新羅）・（百済）は『三国史記』、（倭）は中国の史書が出典であることを示す。

西暦	天皇紀	年号	事　　　　項	新羅暦
664	天智 3	——	唐使（劉仁願・郭務悰ら）来るも入京を許さず。	文武 4
665	4	——	百済民多数移住。長門・大野・椽に築城。唐使入朝・入京。第 5 次遣唐使。	5
666	5	——	高句麗・耽羅朝貢。百済人1000人を東国に移す。	6
667	6	——	近江遷都。高安・屋嶋・金田に築城。唐使司馬法聡来朝。	7
668	7	——	高句麗・新羅、朝貢。高句麗、滅亡。	8
669	8	——	新羅、朝貢。第 6 次遣唐使。	9
670	9	——	新羅に遣使。高安城を修理。長門・筑紫に築城。	10
		——	倭、国号を日本と改める（『新羅本紀』、『唐書』からの誤引用）。	
671	10	——	高句麗遺民の使、来日。百済遺民の使来日。金萬物ら朝貢。	11
672	天武 1	——	郭務悰らに甲冑を贈る。壬申の乱。大友皇子死す。金押實ら駐在。	12
673	2	——	高句麗使、来日。白水城で新羅・高句麗兵、唐軍と戦う。	13
674	3	——	対馬で産銀。唐、劉壬願に詔して新羅を討たしむ。	14
675	5	——	高句麗・新羅朝貢。新羅、百済の故地を州とす。	15

西暦	天皇紀	年号	事　　項	新羅暦
677	天武 6	——	物部麻呂ら帰国。新羅使、来日。	文武17
678	7	——	新羅、朝貢。	18
679	9	——	新羅使、来朝し朝貢。大伴部博麻、金高訓とともに帰国。	19
681	10	——	新羅、唐に朝貢を開始（以後200年間）	神文 1
682		——	高句麗使、来日。／683　唐、則天武后の光宅元年。	2
687	持統 1	朱鳥 2	高句麗帰化人を常陸、新羅帰化人を下毛・武蔵に。金霜林ら朝貢。	7
695	9	——	新羅王子金食琳ら朝貢。新羅に遣使。	孝昭 4
699		——	高句麗、宝蔵王の子の高徳武、後高句麗王朝を建つ。	8
700	文武 4	——	『唐書』は、高王を大祚栄、新王国を震国と記す。	9
701	5	大宝 1	大宝律令施行。「日本国、遣使、方物を貢す」（『冊府元亀』）。	10
707	11	慶雲 4	遣新羅使、学問僧義法らを伴って帰日。	聖徳 6
709	元明 2	和銅 2	新羅使、来日、藤原不比等と会見。	8
710	3	3	平城遷都。／712　唐、玄宗即位（〜756）。	9
720	6	養老 4	隼人反乱。『日本書紀』完成。藤原不比等死す。	19
722	8	6	新羅、日本の侵入に備え、毛伐郡城を築く。	24
727	聖武 4	神亀 4	渤海使、初めて出羽に着き、入京。	28
731	8	天平 3	日本の兵船300、新羅の東辺を襲い、大破される。	29
732	9	4	遣新羅使任命。新羅使、来日。新羅使の来日を三年に一度とす。	32
735	12	7	新羅使来るも、国号を「王城国」としたため、追い返す。	36
739	16	11	渤海使、遭難の遣唐使を伴って出羽に来る。	孝成 3
740			藤原広嗣、大宰府で叛く。渤海・新羅に遣使。	4
743	20	15	新羅使来るも、常礼を失するため追い返す。	景徳 2
753	孝謙 5	天平勝宝 5	遣新羅使を派遣。新羅王によって追い返される。	12
758	淳仁 1	天平宝字 2	遣渤海使、渤海使とともに帰国。史思明の乱（安禄山の乱は755）。	17
759	2	3	新羅征討計画、大宰府に行軍式。渤海使来る。	18
760	3	4	新羅使の欠礼を責め、追い返す。	19
762	5	6	新羅征討のため、伊勢神宮以下の神社に奉幣。	21
763	6	7	新羅使来るも、違約により追い返す。渤海使、朝貢。	22
769	称徳 6	神護景雲 3	新羅使、遣唐大使藤原清河らの書を持ち来る。	恵恭 5

西暦	天皇紀	年号	事項	新羅暦
773	光仁 4	宝亀 4	渤海使来るも上表の無礼により追い返す。	恵恭 9
774	5	5	新羅使、大宰府に来る。貢物、旧例に違うので帰す。	10
804	桓武25	延暦23	日本国使、新羅に黄金を進む。能登に渤海使の客館を造らせる。	哀荘 5
816	嵯峨 8	弘仁 7	新羅人180人、帰化。	憲徳 8

日中古代文化年表

	日本		中国	
年代	時代	西暦	時代	西暦
	更新世(洪積世)		更新世(洪積世)	
BC. 10500	縄文草創期	BC. 10500 ～ 8000	新石器草創期	BC. 6500 ～ 5000
BC. 8000	縄文早期	BC. 8000 ～ 5000		
BC. 5000	縄文前期	BC. 5000 ～ 2500	新石器文化	BC. 5000 ～ 2000
BC. 3000				
BC. 2000	縄文中期	BC. 2500 ～ 1500		
	縄文後期	BC. 1500 ～ 1000	夏？ 殷(商) 周	BC. 2000 ～ 1550 BC. 1550 ～ 1030 BC. 1030 ～ 256
BC. 1000	縄文晩期	BC. 1000 ～ 400	春秋戦国 泰	BC. 770～403～221 BC. 221 ～ 207
	弥生前期	BC. 400 ～ 100		
西暦紀元前↑			前漢	BC. 202 ～ AD.8
0	弥生中期	BC. 100 ～AD. 100	新	AD. 8 ～ 23
西暦紀元後↓				
	弥生後期	AD. 100 ～ 250	後漢	AD. 25 ～ 220
AD. 250	古墳前期	AD. 250 ～ 400	三国(魏・呉・蜀)	AD. 220 ～ 265
AD. 500	古墳中期	AD. 400 ～ 500	六朝(呉・東晋・宋・斉・梁・陳)	AD. 265 ～ 589
AD. 600	古墳後期 飛鳥	AD.500～600／700 AD. 600 ～ 710	隋 唐	AD. 589 ～ 618 AD. 618 ～ 907
AD. 700	奈良	AD. 710 ～ 794		

中国への使節の派遣使と除正一覧

西暦	中国皇帝	年次	派遣者	朝貢の内容と除正	備考
355	燕慕容儁		高句麗故国原王	征東大将軍営州刺史・楽浪公とす。	
413	晉・安帝	義熙9	倭王讃	使を遣して朝貢。	倭国については、5世紀の遣使のすべてを記載
413	晉・安帝	義熙9	高句麗長寿王	高句麗王・楽安郡公に封ず。	
416	晉・安帝	義熙12	百済腆支王	使持都督百済諸軍事鎮東将軍百済王に冊命。	
435	魏・世祖	元嘉12	高句麗長寿王	都督遼海諸軍事・征東将軍・領護東夷中郎将・遼東郡開国公・高句麗王とす。	他国は、冊封のあったものだけを採録
421	宋・武帝	永初2	倭讃	萬里貢を修む。除授を賜うべし。	
425	宋・文帝	元嘉2	倭讃	司馬曹達を遣し、方物を貢ず。	
430	宋・文帝	元嘉7	倭国王	使を遣して方物（地方の産物）を貢ず。	倭王の比定
430	宋・文帝	元嘉7	百済	有王遣使。先王と同じ。晉からも先王と同じ。	………………
438	宋・文帝	元嘉15	倭珍	遣使貢献。安東将軍・倭国王とす。13人に平西・征虜・寇軍・輔国将軍の号。	讃＝履中？または、仁徳
443	宋・文帝	元嘉20	倭国王済	遣使貢献。安東将軍・倭国王となす。	
451	宋・文帝	元嘉28	倭王	使持節都督倭・新羅・任那・加羅・秦韓・慕韓六国諸軍事を追号。	珍＝反正？
460	宋孝武帝	大明4	倭国	使を遣して方物を貢ず。	済＝允恭？
462	宋孝武帝	大明6	倭国王興	遣使貢献。安東将軍・倭国王となす。	
463	宋孝武帝	大明7	高句麗長寿王	車騎大将軍・開府儀同三司とす。	興＝安康？
477	宋・順帝	昇明元	倭国	使を遣して方物を貢ず。	
478	宋・順帝	昇明2	倭国王武	遣使上表。使持節都督倭・新羅・任那・加羅・秦韓・慕韓	武＝雄略？

				六国諸軍事、安東将軍・倭王に除す。	A 
479	斉・高帝	建元元	倭王武	安東大将軍とし、号を鎮東大将軍とす。	
480	斉・太祖	建元 2	高句麗長寿王	驃騎大将軍に冊封。百済王も内属を許す。	
480	斉・太祖	建元 2	百済東城王	使持都督百済諸軍事鎮東大将軍に任ず。	
491	魏孝文帝	永明 9	高句麗長寿王	車騎大将軍太傅遼東郡開国公高句麗王とす。	
492	魏孝文帝	永明10	高句麗文恣王	使持節都督・遼海諸軍事・征東将軍・領護・東夷中将・開国公・高句麗王とす。	
494	魏孝文帝	建武元	高句麗文恣王	使持節散騎常持都督・営平二州・征東大将軍・楽浪公に冊封。	
502	梁・武帝	天監元	(倭) 武	征東将軍、征東大将軍を追号。	
508	梁・高祖	天監 7	高句麗文恣王	撫軍(東)大将軍開府儀同三司を許す。	B 
520	梁・高祖	普通元	高句麗安蔵王	安東将軍領護東夷校尉遼東郡開国公高句麗王	
521	梁・高祖	普通 2	百済武寧王	使持節都督百済諸軍事寧東大将軍に任ず。	
524	梁・高祖	普通 5	百済聖王	使持節都督百済諸軍事綏東大将軍・百済王	
532	魏孝武帝	永熙元	高句麗安原王	使持節散騎常侍領護東夷校尉遼東郡開国公高句麗王	
534	魏孝武帝	永熙 3	高句麗安原王	驃騎大将軍を加える。	
550	北斉		高句麗陽原王	先王と同じ。	
560	北斉廃帝		高句麗平原王	ほぼ先王と同じ。	
565	斉武成帝	天嘉 6	新羅真興王	使持節東夷校尉・楽浪郡公・新羅王	
570	斉・後主		百済威徳王	使持節侍中車騎大将軍帯方郡公百済王に冊封	
571	斉・後主		百済威徳王	使持節都督東青州諸軍事東青州刺史に冊封	
577	周・高祖	建徳 6	高句麗平原王	使持節領開府儀同三司大将軍遼東郡開国公高句麗王	A系譜は『宋書』、B系譜は『梁書』による
591	隋・文帝	開皇元	高句麗嬰原王	上開府儀同三司・遼東郡公とす。	
594	隋文帝	開皇元	新羅真平王	上開府・楽浪郡公・新羅王とす。	
624	唐高祖	武徳 7	新羅真平王	柱國・楽浪郡公・新羅王に册命。	
624	唐高祖	武徳 7	高句麗栄留王	上柱国・遼東郡公・高句麗王に册命。	

『日本書紀』の神功皇后関係年表

紀年	西暦	事項	対応する外国の事件	実年代
仲哀 8	199	橿日（香椎）宮での神託。天皇、従わず。		
9	200	熊襲を討ち、新羅遠征を決意。和珥津を出発。		
		新羅王降貢納を誓う。百済・高句麗も帰服。		
		九州に帰り、皇子を生む。		
		〈一説〉海岸で新羅王を斬る。	新羅の于老を殺す。	249
摂政 1	201	麛坂・忍熊王子を討つ。		
5	205	新羅王使来貢。人質の微叱許智を返す。襲津彦欺かれる。	未斯欣、倭から帰還。	418
46	246	斯麻宿弥を卓淳国に遣わす。爾波移・過去を百済に。		
47	247	百済王、久氐らに貢を持たす。新羅、奪取。千熊派遣。		
49	249	荒田別・鹿我別、久氐と新羅を討つ。		
50	250	荒田別帰還。千熊長彦・久氐らと帰る。		
51	251	百済王、朝貢。厚恩を謝すの意。		
53	253	百済王、七支刀を献じる。	(石上神宮の泰和 4 年銘刀)	
55	255	百済、肖古王薨ず。	近肖古王薨。	375
56	256	百済、貴須王即位。	近仇首王即位。	375
62	262	新羅、朝貢せず。葛城襲津彦を派遣。		
64	264	百済、貴須王薨ず。枕流王即位。	近仇首王薨・枕流王即位。	384
65	265	百済、枕流王薨ず。辰斯王即位。	枕流王薨・辰斯王即位。	385
応神4	273	百済、辰斯王を殺して阿花王が即位。	辰斯王薨・阿莘王即位。	392
7	276	高麗・百済・任那・新羅人来り、池を造る。		
8	277	百済人来朝。「阿花王、貴国に禮なし」	※神功紀の外国の記事は、おおむね干支 2 巡＝120念繰り上げてある。	

14	283	百済、縫衣工女を貢ず。弓月君120県民を率い帰来。		
15	284	百済の阿直岐、良馬を貢ず。荒田別・坐別、百済へ。		
16	285	王仁来朝。平群木菟宿禰を新羅へ派遣。		
20	289	阿知使主・都加使主、17県民を率い来帰。		
25	294	百済、直支王薨ず。木満致、国政を執る。	腆支王薨。	420
28	297	高麗王より無礼な国書。破棄。		

著者略歴

澤田洋太郎（さわだ　ようたろう）

1927年　東京に生まれる。

1951年　東大法学部政治学科卒業

同年都立江戸川高校社会科教諭を初めとして高校教師を勤め，1982年都立大学付属高校教頭にて退職。以後，執筆活動にいそしむ。

主要著作　『天皇家と卑弥呼の系図』『ヤマト国家成立の秘密』『ヤマト国家は渡来王朝』『出雲神話の謎を解く』『日本古代史の謎を解く』（以上新泉社）『復元！　日本古代国家』（彩流社）などの古代史関係書のほか，現代社会，政治，経済，倫理関係の多数の著書・共著がある。

改訂新版　伽耶は日本のルーツ

1994年1月10日　第1刷発行
2006年10月1日　改訂新版第1刷発行
2010年5月20日　改訂新版第2刷発行

著者＝澤田洋太郎

発行所＝株式会社　新泉社

東京都文京区本郷2-5-12
振替・00170-4-160936番　電話 03(3815)1662
印刷・太平印刷社　製本・榎本製本
ISBN978-4-7877-0611-9

澤田洋太郎著　46判280頁　定価1800円＋税

天皇家と卑弥呼の系図　●日本古代史の完全復元

卑弥呼の名のある海部・尾張氏の系図から日本古代史復元の試みは始まる。高天原と葦原中国の中間地点である天の八衢（やちまた）を豊後・日田に比定し豊後と丹後の地名の一致から海部氏が豊後↓丹後に移住したと推定、豊の国の東遷を古代史解読のキーとする。

●主要目次

澤田洋太郎著　４６判２８８頁　定価２０００円＋税

ヤマト国家は渡来王朝

弥生時代から古墳時代に移行するころ、日本の支配者層は騎馬民族の出身者に変わったのではないか。イリ王朝（崇神・垂仁）やタラシ王朝（景行・成務・仲哀・応神）の天皇は、ほとんどが、百済や新羅からの渡来王だったのではと考えると「記・紀」に秘められている多くの謎が合理的に解釈できるとゆうシナリオを提出し、応神王朝の重要性を力説する。

●主要目次